edition suhrkamp

Redaktion: Günther Busch

Bertolt Brecht, geboren am 10. Februar 1898 in Augsburg, starb am 14. August 1956 in Berlin. *Die Dreigroschenoper,* nach John Gays *The Beggar's Opera* geschrieben, wurde 1928 in Berlin uraufgeführt.

Brecht zielt mit der Dreigroschenoper auf die Entlarvung der korrupten Bourgeoisie. Auf der einen Seite erscheint der Bettlerkönig Peachum als Musterbeispiel des Geschäftemachers, für den Not und Armut nichts anderes sind als Mittel zum Zweck; auf der anderen Seite entpuppt sich der skrupellose Verbrecher Mackie Messer als Prototyp sogenannter bürgerlicher Solidität. Peachum mobilisiert die Bettlermassen, organisiert eine Demonstration des Elends und droht, den Krönungszug zu stören, falls der korrupte Polizeichef Tiger-Brown sich weigern sollte, Mackie Messer zu verhaften, der Peachums Kreise störte.

»Gleichwohl und gerade, weil das Akute entfällt, ist zu sehen, ja zu genießen, wie brillant und blitzend das Stück gemacht ist. Das Stück ist eine grandiose poetische Story, unzerreißbare Theaterware.«

Albert Schulze-Vellinghausen

Bertolt Brecht
Die Dreigroschenoper
Nach John Gays » The Beggar's Opera «

Suhrkamp Verlag

Mitarbeiter
E. Hauptmann, K. Weill

Geschrieben 1928

edition suhrkamp 229
Erste Auflage 1968
© Suhrkamp Verlag, Berlin 1955. Printed in Germany. Alle Rechte vorbehalten,
insbesondere das der Übersetzung, des öffentlichen Vortrags, des Rundfunkvor-
trags, der Fernsehausstrahlung sowie der Verfilmung, auch einzelner Abschnitte.
Kein Teil des Werkes darf in irgendeiner Form (durch Fotografie, Mikrofilm oder
andere Verfahren) ohne schriftliche Genehmigung des Verlages reproduziert oder
unter Verwendung elektronischer Systeme verarbeitet, vervielfältigt oder verbrei-
tet werden. Das Recht der Aufführung oder Sendung ist nur vom Suhrkamp Verlag, Frankfurt am Main, zu erwerben. Den Bühnen und Vereinen gegenüber als
Manuskript gedruckt. Satz in Linotype Garamond bei Georg Wagner, Nördlin-
gen. Druck: Ebner & Spiegel, Ulm. Gesamtausstattung Willy Fleckhaus.

40 41 – 06

Die Dreigroschenoper

Personen

Macheath, genannt Mackie Messer
Jonathan Jeremiah Peachum, Besitzer der Firma »Bettlers
  Freund«
Celia Peachum, seine Frau
Polly Peachum, seine Tochter
Brown, oberster Polizeichef von London
Lucy, seine Tochter
Die Spelunken-Jenny
Smith
Pastor Kimball
Filch
Ein Moritatensänger
Die Platte
Bettler
Huren
Konstabler

Vorspiel

Jahrmarkt in Soho

Die Bettler betteln, die Diebe stehlen, die Huren huren. Ein Moritatensänger singt eine Moritat.

Und der Haifisch, der hat Zähne
Und die trägt er im Gesicht
Und Macheath, der hat ein Messer
Doch das Messer sieht man nicht.

Ach, es sind des Haifischs Flossen
Rot, wenn dieser Blut vergießt!
Mackie Messer trägt 'nen Handschuh
Drauf man keine Untat liest.

An der Themse grünem Wasser
Fallen plötzlich Leute um!
Es ist weder Pest noch Cholera
Doch es heißt: Macheath geht um.

An 'nem schönen blauen Sonntag
Liegt ein toter Mann am Strand
Und ein Mensch geht um die Ecke
Den man Mackie Messer nennt.

Und Schmul Meier bleibt verschwunden
Und so mancher reiche Mann
Und sein Geld hat Mackie Messer
Dem man nichts beweisen kann.

*Von links nach rechts geht Peachum mit Frau und Tochter
über die Bühne spazieren.*

Jenny Towler ward gefunden
Mit 'nem Messer in der Brust
Und am Kai geht Mackie Messer
Der von allem nichts gewußt.

Wo ist Alfons Glite, der Fuhrherr?
Kommt das je ans Sonnenlicht?
Wer es immer wissen könnte –
Mackie Messer weiß es nicht.

Und das große Feuer in Soho
Sieben Kinder und ein Greis –
In der Menge Mackie Messer, den
Man nicht fragt und der nichts weiß.

Und die minderjährige Witwe
Deren Namen jeder weiß
Wachte auf und war geschändet –
Mackie, welches war dein Preis?

*Unter den Huren ein Gelächter, und aus ihrer Mitte löst sich
ein Mensch und geht rasch über den ganzen Platz weg.*

SPELUNKEN-JENNY Das war Mackie Messer!

Erster Akt

I

UM DER ZUNEHMENDEN VERHÄRTUNG DER MENSCHEN ZU BEGEG-
NEN, HATTE DER GESCHÄFTSMANN J. PEACHUM EINEN LADEN ER-
ÖFFNET, IN DEM DIE ELENDESTEN DER ELENDEN JENES AUSSEHEN
ERHIELTEN, DAS ZU DEN IMMER VERSTOCKTEREN HERZEN SPRACH.

Jonathan Jeremiah Peachums Bettlergarderoben

DER MORGENCHORAL DES PEACHUM

Wach auf, du verrotteter Christ!
Mach dich an dein sündiges Leben!
Zeig, was für ein Schurke du bist
Der Herr wird es dir dann schon geben.

Verkauf deinen Bruder, du Schuft!
Verschacher dein Ehweib, du Wicht!
Der Herrgott, für dich ist er Luft?
Er zeigt dir's beim Jüngsten Gericht!

PEACHUM *zum Publikum:* Es muß etwas Neues geschehen.
Mein Geschäft ist zu schwierig, denn mein Geschäft ist es,
das menschliche Mitleid zu erwecken. Es gibt einige wenige
Dinge, die den Menschen erschüttern, einige wenige, aber
das Schlimme ist, daß sie, mehrmals angewendet, schon nicht
mehr wirken. Denn der Mensch hat die furchtbare Fähig-
keit, sich gleichsam nach eigenem Belieben gefühllos zu
machen. So kommt es zum Beispiel, daß ein Mann, der einen

9

anderen Mann mit einem Armstumpf an der Straßenecke stehen sieht, ihm wohl in seinem Schrecken das erste Mal zehn Pennies zu geben bereit ist, aber das zweite Mal nur mehr fünf Pennies, und sieht er ihn das dritte Mal, übergibt er ihn kaltblütig der Polizei. Ebenso ist es mit den geistigen Hilfsmitteln. *Eine große Tafel mit »Geben ist seliger als Nehmen« kommt vom Schnürboden herunter.* Was nützen die schönsten und dringendsten Sprüche, aufgemalt auf die verlockendsten Täfelchen, wenn sie sich so rasch verbrauchen. In der Bibel gibt es etwa vier, fünf Sprüche, die das Herz rühren; wenn man sie verbraucht hat, ist man glatt brotlos. Wie hat sich zum Beispiel dieses »Gib, so wird dir gegeben« in knapp drei Wochen, wo es hier hängt, abgenützt. Es muß eben immer Neues geboten werden. Da muß eben die Bibel wieder herhalten, aber wie oft wird sie es noch?

Es klopft, Peachum öffnet, hereintritt ein junger Mann namens Filch.

FILCH Peachum & Co.?

PEACHUM Peachum.

FILCH Sind Sie Besitzer der Firma »Bettlers Freund«? Man hat mich zu Ihnen geschickt. Ja, das sind Sprüche! Das ist ein Kapital! Sie haben wohl eine ganze Bibliothek von solchen Sachen? Das ist schon ganz was anderes. Unsereiner – wie soll der auf Ideen kommen, und ohne Bildung, wie soll da das Geschäft florieren?

PEACHUM Ihr Name?

FILCH Sehen Sie, Herr Peachum, ich habe von Jugend an Unglück gehabt. Meine Mutter war eine Säuferin, mein Vater ein Spieler. Von früh an auf mich selber angewiesen, ohne die liebende Hand einer Mutter, geriet ich immer tiefer in den Sumpf der Großstadt. Väterliche Fürsorge und die Wohltat eines traulichen Heims habe ich nie gekannt. Und so sehen Sie mich denn . . .

PEACHUM So sehe ich Sie denn . . .

FILCH *verwirrt:* ... aller Mittel entblößt, eine Beute meiner Triebe.

PEACHUM Wie ein Wrack auf hoher See und so weiter. Nun sagen Sie mir mal, Sie Wrack, in welchem Distrikt sagen Sie dieses Kindergedicht auf?

FILCH Wieso, Herr Peachum?

PEACHUM Den Vortrag halten Sie doch öffentlich?

FILCH Ja, sehen Sie, Herr Peachum, da war gestern so ein kleiner peinlicher Zwischenfall in der Highland Street. Ich stehe da still und unglücklich an der Ecke, Hut in der Hand, ohne was Böses zu ahnen ...

PEACHUM *blättert in einem Notizbuch:* Highland Street. Ja, ja, stimmt. Du bist der Dreckkerl, den Honey und Sam gestern erwischt haben. Du hattest die Frechheit, im Distrikt 10 die Passanten zu belästigen. Wir haben es bei einer Tracht Prügel bewenden lassen, weil wir annehmen konnten, du weißt nicht, wo Gott wohnt. Wenn du dich aber noch einmal blicken läßt, dann wird die Säge angewendet, verstehst du?

FILCH Bitte, Herr Peachum, bitte. Was soll ich denn machen, Herr Peachum? Die Herren haben mich wirklich ganz blau geschlagen, und dann haben sie mir Ihre Geschäftskarte gegeben. Wenn ich meine Jacke ausziehe, würden Sie meinen, Sie haben einen Schellfisch vor sich.

PEACHUM Lieber Freund, solange du nicht wie eine Flunder aussiehst, waren meine Leute verdammt nachlässig. Da kommt dieses junge Gemüse und meint, wenn es die Pfoten hinstreckt, dann hat es sein Steak im trocknen. Was würdest du sagen, wenn man aus deinem Teich die besten Forellen herausfischt?

FILCH Ja, sehen Sie, Herr Peachum – ich habe ja keinen Teich.

PEACHUM Also, Lizenzen werden nur an Professionals verliehen. *Zeigt geschäftsmäßig einen Stadtplan.* London ist eingeteilt in vierzehn Distrikte. Jeder Mann, der in einem davon das Bettlerhandwerk auszuüben gedenkt, braucht eine Lizenz von Jonathan Jeremiah Peachum & Co. Ja, da könnte jeder kommen – eine Beute seiner Triebe.

FILCH Herr Peachum, wenige Schillinge trennen mich vom völligen Ruin. Es muß etwas geschehen, mit zwei Schillingen in der Hand . . .

PEACHUM Zwanzig Schillinge.

FILCH Herr Peachum!

Zeigt flehend auf ein Plakat, auf dem steht: »Verschließt euer Ohr nicht dem Elend!«

Peachum zeigt auf den Vorhang vor einem Schaukasten, auf dem steht: »Gib, so wird dir gegeben!«

FILCH Zehn Schillinge.

PEACHUM Und fünfzig Prozent bei wöchentlicher Abrechnung. Mit Ausstattung siebzig Prozent.

FILCH Bitte, worin besteht denn die Ausstattung?

PEACHUM Das bestimmt die Firma.

FILCH In welchem Distrikt könnte ich denn da antreten?

PEACHUM Baker Street 2–104. Da ist es sogar billiger. Da sind es nur fünfzig Prozent mit Ausstattung.

FILCH Bitte sehr. *Er bezahlt.*

PEACHUM Ihr Name?

FILCH Charles Filch.

PEACHUM Stimmt. *Schreit:* Frau Peachum! *Frau Peachum kommt.* Das ist Filch. Nummer dreihundertvierzehn. Distrikt Baker Street. Ich trage selbst ein. Natürlich, jetzt gerade vor der Krönungsfeierlichkeit wollen Sie eingestellt werden: die einzige Zeit in einem Menschenalter, wo eine Kleinigkeit herauszuholen wäre. Ausstattung C. *Er öffnet den Leinenvorhang vor einem Schaukasten, in dem fünf Wachspuppen stehen.*

FILCH Was ist das?

PEACHUM Das sind die fünf Grundtypen des Elends, die geeignet sind, das menschliche Herz zu rühren. Der Anblick solcher Typen versetzt den Menschen in jenen unnatürlichen Zustand, in welchem er bereit ist, Geld herzugeben.

Ausstattung A: Opfer des Verkehrsfortschritts. Der muntere Lahme, immer heiter – *er macht ihn vor* –, immer sorglos, verschärft durch einen Armstumpf.
Ausstattung B: Opfer der Kriegskunst. Der lästige Zitterer, belästigt die Passanten, arbeitet mit Ekelwirkung – *er macht ihn vor* –, gemildert durch Ehrenzeichen.
Ausstattung C: Opfer des industriellen Aufschwungs. Der bejammernswerte Blinde oder die Hohe Schule der Bettelkunst. *Er macht ihn vor, indem er auf Filch zuwankt. Im Moment, wo er an Filch anstößt, schreit dieser entsetzt auf. Peachum hält sofort ein, mustert ihn erstaunt und brüllt plötzlich:* Er hat Mitleid! Sie werden in einem Menschenleben kein Bettler! So was taugt höchstens zum Passanten! Also Ausstattung D! Celia, du hast schon wieder getrunken! Und jetzt siehst du nicht aus den Augen. Nummer hundertsechsunddreißig hat sich beschwert über seine Kluft. Wie oft soll ich dir sagen, daß ein Gentleman keine dreckigen Kleidungsstücke auf den Leib nimmt. Nummer hundertsechsunddreißig hat ein nagelneues Kostüm bezahlt. Die Flecken, das einzige, was daran Mitgefühl erregen kann, waren hineinzubekommen, indem man einfach Stearinkerzenwachs hineinbügelte. Nur nicht denken! Alles soll man allein machen! *Zu Filch:* Zieh dich aus und zieh das an, aber halt es im Stande!

FILCH Und was geschieht mit meinen Sachen?

PEACHUM Gehören der Firma. Ausstattung E: Junger Mann, der bessere Tage gesehen hat, beziehungsweise dem es nicht an der Wiege gesungen wurde.

FILCH Ach so, das verwenden Sie wieder? Warum kann i c h das nicht mit den besseren Tagen machen?

PEACHUM Weil einem niemand sein eigenes Elend glaubt, mein Sohn. Wenn du Bauchweh hast und du sagst es, dann berührt das nur widerlich. Im übrigen hast du überhaupt nichts zu fragen, sondern diese Sachen anzuziehen.

FILCH Sind sie nicht ein wenig schmutzig? *Da Peachum ihn*

durchbohrend anblickt: Entschuldigen Sie, bitte, entschuldigen Sie.

FRAU PEACHUM Jetzt mach mal ein bißchen plötzlich, Kleiner, ich halte dir deine Hosen nicht bis Weihnachten.

FILCH *plötzlich ganz heftig:* Aber meine Stiefel ziehe ich nicht aus! Auf gar keinen Fall. Da verzichte ich lieber. Das ist das einzige Geschenk meiner armen Mutter, und niemals, nie, ich mag noch so tief gesunken ...

FRAU PEACHUM Red keinen Unsinn, ich weiß doch, daß du dreckige Füße hast.

FILCH Wo soll ich meine Füße auch waschen? Mitten im Winter! *Frau Peachum bringt ihn hinter einen Wandschirm, dann setzt sie sich links und bügelt Kerzenwachs in einen Anzug.*

PEACHUM Wo ist deine Tochter?

FRAU PEACHUM Polly? Oben!

PEACHUM War dieser Mensch gestern wieder hier? Der immer kommt, wenn ich weg bin!

FRAU PEACHUM Sei nicht so mißtrauisch, Jonathan, es gibt keinen feineren Gentleman, der Herr Captn hat sehr viel übrig für unsere Polly.

PEACHUM So.

FRAU PEACHUM Und wenn ich nur für zehn Pennies Grips hier habe, dann findet ihn Polly auch sehr nett.

PEACHUM Celia, du schmeißt mit deiner Tochter um dich, als ob ich Millionär wäre! Sie soll wohl heiraten? Glaubst du denn, daß unser Dreckladen noch eine Woche lang geht, wenn dieses Geschmeiß von Kundschaft nur u n s e r e Beine zu Gesicht bekommt? Ein Bräutigam! Der hätte uns doch sofort in den Klauen! S o hätte er uns! Meinst du, daß deine Tochter im Bett besser ihr Maul hält als du?

FRAU PEACHUM Du hast eine nette Vorstellung von deiner Tochter!

PEACHUM Die schlechteste. Die allerschlechteste. Nichts als ein Haufen Sinnlichkeit!

FRAU PEACHUM Die hat sie jedenfalls nicht von dir.

PEACHUM Heiraten! Meine Tochter soll für mich das sein, was das Brot für den Hungrigen – *er blättert nach* –; das steht sogar irgendwo in der Bibel. Heiraten, das ist überhaupt so eine Schweinerei. Ich will ihr das Heiraten schon austreiben.

FRAU PEACHUM Jonathan, du bist einfach ungebildet.

PEACHUM Ungebildet! Wie heißt er denn, der Herr?

FRAU PEACHUM Man heißt ihn immer nur den »Captn«.

PEACHUM So, ihr habt ihn nicht einmal nach seinem Namen gefragt? Interessant!

FRAU PEACHUM Wir werden doch nicht so plump sein und ihn nach seinem Geburtsschein fragen, wenn er so vornehm ist und uns beide ins Tintenfisch-Hotel einlädt zu einem kleinen Step.

PEACHUM Wohin?

FRAU PEACHUM Ins Tintenfisch zu einem kleinen Step.

PEACHUM Captn? Tintenfisch-Hotel? So, so, so . . .

FRAU PEACHUM Der Herr hat meine Tochter und mich immer nur mit Glacéhandschuhen angefaßt.

PEACHUM Glacéhandschuhe!

FRAU PEACHUM Er hat übrigens wirklich immer Handschuhe an, und zwar weiße: weiße Glacéhandschuhe.

PEACHUM So, weiße Handschuhe und einen Stock mit einem Elfenbeingriff und Gamaschen an den Schuhen und Lackschuhe und ein bezwingendes Wesen und eine Narbe . . .

FRAU PEACHUM Am Hals. Wieso kennst du denn den schon wieder?

Filch kriecht aus der Box.

FILCH Herr Peachum, könnte ich nicht noch einen Tip bekommen, ich bin immer für ein System gewesen und nicht, daß man so etwas Zufälliges daherredet.

FRAU PEACHUM Ein System muß er haben!

PEACHUM Er soll einen Idioten machen. Du kommst heute abend um sechs Uhr, da wird dir das Nötige beigebracht werden. Verroll dich!

FILCH Danke sehr, Herr Peachum, tausend Dank. *Ab.*

PEACHUM Fünfzig Prozent! – Und jetzt werde ich dir auch
sagen, wer dieser Herr mit den Handschuhen ist – Mackie
Messer!

Er läuft die Treppe hinauf in Pollys Schlafzimmer.

FRAU PEACHUM Um Gottes willen! Mackie Messer! Jesus!
Komm, Herr Jesus, sei unser Gast! – Polly! Was ist mit
Polly?

Peachum kommt langsam zurück.

PEACHUM Polly? Polly ist nicht nach Hause gekommen. Das
Bett ist unberührt.

FRAU PEACHUM Da hat sie mit dem Wollhändler soupiert.
Sicher, Jonathan!

PEACHUM Gott gebe, daß es der Wollhändler war!

*Vor den Vorhang treten Herr und Frau Peachum und singen.
Songbeleuchtung: goldenes Licht. Die Orgel wird illuminiert. An einer Stange kommen von oben drei Lampen herunter und auf den Tafeln steht:*

DER ANSTATT-DASS-SONG

1

PEACHUM
  Anstatt daß
  Sie zu Hause bleiben und in ihrem Bett
  Brauchen sie Spaß!
  Grad als ob man ihnen eine Extrawurst gebraten hätt.

FRAU PEACHUM
  Das ist der Mond über Soho
  Das ist der verdammte »Fühlst-du-mein-Herz-Schlagen«-
      Text
  Das ist das »Wenn du wohin gehst, geh auch ich wohin,
      Johnny!«
  Wenn die Liebe anhebt und der Mond noch wächst.

PEACHUM
Anstatt daß
Sie was täten, was 'nen Sinn hat und 'nen Zweck
Machen sie Spaß!
Und verrecken dann natürlich glatt im Dreck.

BEIDE
Wo ist dann ihr Mond über Soho?
Wo bleibt dann ihr verdammter »Fühlst-du-mein-Herz-
        Schlagen«-Text
Wo ist dann das »Wenn du wohin gehst, geh auch ich wohin,
        Johnny!«
Wenn die Liebe aus ist und im Dreck du verreckst?

2

TIEF IM HERZEN SOHOS FEIERT DER BANDIT MACKIE MESSER SEINE
HOCHZEIT MIT POLLY PEACHUM, DER TOCHTER DES BETTLER-
KÖNIGS.

Leerer Pferdestall

MATTHIAS *genannt Münz-Matthias, leuchtet den Stall ab, mit
Revolver:* Hallo, Hände hoch, wenn jemand hier ist!
*Macheath tritt ein, macht einen Rundgang an der Rampe
entlang.*
MACHEATH Na, ist jemand da?
MATTHIAS Kein Mensch! Hier können wir ruhig unsere Hoch-
zeit feiern.
POLLY *tritt im Brautkleid ein:* Aber das ist doch ein Pferde-
stall!

MAC Setz dich einstweilen auf die Krippe, Polly. *Zum Publikum:* In diesem Pferdestall findet heute meine Hochzeit mit Fräulein Polly Peachum statt, die mir aus Liebe gefolgt ist, um mein weiteres Leben mit mir zu teilen.

MATTHIAS Viele Leute in London werden sagen, daß es das Kühnste ist, was du bis heute unternommen hast, daß du Herrn Peachums einziges Kind aus seinem Hause gelockt hast.

MAC Wer ist Herr Peachum?

MATTHIAS Er selber wird sagen, daß er der ärmste Mann in London sei.

POLLY Aber hier kannst du doch nicht unsere Hochzeit feiern wollen? Das ist doch ein ganz gewöhnlicher Pferdestall! Hier kannst du doch den Herrn Pfarrer nicht herbitten. Noch dazu gehört er nicht mal uns. Wir sollten wirklich nicht mit einem Einbruch unser neues Leben beginnen, Mac. Das ist doch der schönste Tag unseres Lebens.

MAC Liebes Kind, es wird alles geschehen, wie du es wünschest. Du sollst deinen Fuß nicht an einen Stein stoßen. Die Einrichtung wird eben auch schon gebracht.

MATTHIAS Da kommen die Möbel.

Man hört große Lastwagen anfahren, ein halbes Dutzend Leute kommen herein, die Teppiche, Möbel, Geschirr usw. schleppen, womit sie den Stall in ein übertrieben feines Lokal verwandeln.[1] *

MAC Schund.

Die Herren stellen links die Geschenke nieder, gratulieren der Braut, referieren dem Bräutigam.[2]

JAKOB *genannt Hakenfinger-Jakob:* Glückwunsch! Ginger Street 14 waren Leute im ersten Stock. Wir mußten sie erst ausräuchern.

ROBERT *genannt Säge-Robert:* Glückwunsch. Am Strand ging ein Konstabler hops.

* Die Hinweise (1 usw.) im Text beziehen sich auf die »Winke für Schauspieler«, Seite 99.

MAC Dilettanten.

EDE Wir haben getan, was wir konnten, aber drei Leute in Westend waren nicht zu retten. Glückwunsch.

MAC Dilettanten und Pfuscher.

JIMMY Ein älterer Herr hat etwas abbekommen. Ich glaube aber nicht, daß es etwas Ernstes ist. Glückwunsch.

MAC Meine Direktive lautete: Blutvergießen ist zu vermeiden. Mir wird wieder ganz schlecht, wenn ich daran denke. Ihr werdet nie Geschäftsleute werden! Kannibalen, aber keine Geschäftsleute!

WALTER *genannt Trauerweiden-Walter:* Glückwunsch. Das Cembalo, meine Dame, gehörte noch vor einer halben Stunde der Herzogin von Somersetshire.

POLLY Was sind das für Möbel?

MAC Wie gefallen dir die Möbel, Polly?

POLLY *weint:* Die vielen armen Leute, wegen der paar Möbel.

MAC Und was für Möbel! Schund! Du hast ganz recht, wenn du dich ärgerst. Ein Rosenholz-Cembalo und dann ein Renaissance-Sofa. Das ist unverzeihlich. Wo ist überhaupt ein Tisch?

WALTER Ein Tisch?

Sie legen über Krippen einige Bretter.

POLLY Ach Mac! Ich bin ganz unglücklich! Hoffentlich kommt wenigstens der Herr Pfarrer nicht.

MATTHIAS Natürlich. Wir haben ihm den Weg ganz genau beschrieben.

WALTER *führt den Tisch vor:* Ein Tisch!

MAC *da Polly weint:* Meine Frau ist außer sich. Wo sind denn überhaupt die anderen Stühle? Ein Cembalo und keine Stühle! Nur nicht denken. Wenn ich mal Hochzeit feiere, wie oft kommt das schon vor? Halt die Fresse, Trauerweide! Wie oft kommt das schon vor, sag ich, daß ich euch schon was überlasse? Da macht ihr meine Frau von Anfang an unglücklich.

EDE Liebe Polly ...

MAC *haut ihm den Hut vom Kopf*[3]*:* »Liebe Polly«! Ich werde dir deinen Kopf in den Darm hauen mit »liebe Polly«, du Dreckspritzer. Hat man so etwas schon gehört, »liebe Polly«! Hast du mit ihr etwa geschlafen?

POLLY Aber Mac!

EDE Also ich schwöre . . .

WALTER Gnädige Frau, wenn einige Ausstattungsstücke fehlen sollten, wollen wir eben noch einmal . . .

MAC Ein Rosenholz-Cembalo und keine Stühle. *Lacht.* Was sagst du dazu als Braut?

POLLY Das ist wirklich nicht das Schlimmste.

MAC Zwei Stühle und ein Sofa, und das Brautpaar setzt sich auf den Boden!

POLLY Ja, das wär so was!

MAC *scharf:* Diesem Cembalo die Beine absägen! Los! Los!

VIER LEUTE *sägen die Beine des Cembalos ab und singen dabei:*
Bill Lawgen und Mary Syer
Wurden letzten Mittwoch Mann und Frau.
Als sie drin standen vor dem Standesamt
Wußte er nicht, woher ihr Brautkleid stammt
Aber sie wußte seinen Namen nicht genau.
Hoch!

WALTER Und so wird zum guten Ende doch noch eine Bank daraus, gnädige Frau!

MAC Dürfte ich die Herren jetzt bitten, die dreckigen Lumpen abzulegen und sich anständig herzurichten? Schließlich ist es nicht die Hochzeit eines Irgendjemand. Polly, darf ich dich bitten, daß du dich um die Freßkörbe kümmerst?

POLLY Ist das das Hochzeitsessen? Ist alles gestohlen, Mac?

MAC Natürlich, natürlich.

POLLY Ich möchte wissen, was du machst, wenn es an die Tür klopft und der Sheriff kommt herein?

MAC Das werde ich dir zeigen, was dein Mann da macht.

MATTHIAS Ganz ausgeschlossen heute. Alle berittenen Konstabler sind selbstverständlich in Daventry. Sie holen die Königin ab, wegen der Krönung am Freitag.

POLLY Zwei Messer und vierzehn Gabeln! Für jeden Stuhl ein Messer.

MAC So was von Versagen! Lehrlingsarbeit ist das, nicht die Arbeit reifer Männer! Habt ihr denn keine Ahnung von Stil? Man muß doch Chippendale von Louis Quatorze unterscheiden können.

Die Bande kehrt zurück, die Herren tragen jetzt elegante Abendanzüge, bewegen sich aber leider im folgenden nicht dementsprechend.

WALTER Wir wollten eigentlich die wertvollsten Sachen bringen. Sieh dir mal das Holz an! Das Material ist absolut erstklassig.

MATTHIAS Ssst! Ssst! Gestatten Sie, Captn . . .

MAC Polly, komm mal her.

Das Paar stellt sich in Gratulationspositur.

MATTHIAS Gestatten Sie, Captn, daß wir Ihnen am schönsten Tag Ihres Lebens, in der Maienblüte Ihrer Laufbahn, wollte sagen, Wendepunkt, die herzlichsten und zugleich dringendsten Glückwünsche darbringen und so weiter. Ist ja ekelhaft, dieser gespreizte Ton. Also kurz und gut – *schüttelt Mac die Hand:* Kopf hoch, altes Haus!

MAC Ich danke dir, das war nett von dir, Matthias.

MATTHIAS *Polly die Hand schüttelnd, nachdem er Mac gerührt umarmt hat:* Ja, das sind Herzenstöne! Na also, Kopf nicht sinken lassen, alte Schaluppe, das heißt – *grinsend –*, was den Kopf betrifft, den darf er nicht sinken lassen.

Brüllendes Gelächter der Gäste. Plötzlich legt Mac Matthias mit einem leichten Griff um.

MAC Halt die Schnauze. Deine Zoten kannst du bei deiner Kitty absetzen, das ist die richtige Schlampe dafür.

POLLY Mac, sei nicht so ordinär.

MATTHIAS Also, da möcht ich doch protestieren, daß du Kitty eine Schlampe ... *Steht mühsam wieder auf.*

MAC So, da mußt du protestieren?

MATTHIAS Und überhaupt, Zoten nehme ich ihr gegenüber niemals in mein Maul. Dazu achte ich Kitty viel zu hoch. Was du vielleicht gar nicht verstehst, so wie du gebaut bist. Du hast grade nötig, von Zoten zu reden. Meinst du, Lucy hat mir nicht gesagt, was du ihr gesagt hast! Da bin ich überhaupt ein Glacéhandschuh dagegen.

Mac blickt ihn an.

JAKOB Komm, komm, es ist doch Hochzeit. *Sie ziehen ihn weg.*

MAC Schöne Hochzeit, was, Polly? Diese Dreckhaufen mußt du um dich sehen am Tage deiner Eheschließung. Das hättest du dir auch nicht gedacht, daß dein Mann so von seinen Freunden im Stich gelassen würde! Kannst du was lernen.

POLLY Ich find's ganz hübsch.

ROBERT Quatsch. Von Im-Stich-Lassen ist gar keine Rede. Eine Meinungsverschiedenheit kann doch überall mal vorkommen. Deine Kitty ist ebenso gut wie jede andere. Aber jetzt rück mal mit deinem Hochzeitsgeschenk heraus, alte Münze.

ALLE Na, los, los!

MATTHIAS *beleidigt:* Da.

POLLY Ach, ein Hochzeitsgeschenk. Das ist aber nett von Ihnen, Herr Münz-Matthias. Schau mal her, Mac, was für ein schönes Nachthemd.

MATTHIAS Vielleicht auch eine Zote, was, Captn?

MAC Ist schon gut. Wollte dich nicht kränken an diesem Ehrentage.

WALTER Na, und das? Chippendale! *Er enthüllt eine riesenhafte Chippendale-Standuhr.*

MAC Quatorze.

POLLY Die ist großartig. Ich bin so glücklich. Ich finde keine Worte. Ihre Aufmerksamkeiten sind so phantastisch. Schade, daß wir keine Wohnung dafür haben, nicht, Mac?

MAC Na, betrachte es als den Anfang. Aller Anfang ist schwer. Dank dir auch bestens, Walter. Na, räumt mal das Zeug da weg. Das Essen!

JAKOB *während die anderen schon decken:* Ich habe natürlich wieder nichts mitgebracht. *Eifrig zu Polly:* Sie dürfen mir glauben, junge Frau, daß mir das sehr unangenehm ist.

POLLY Herr Hakenfinger-Jakob, das hat rein gar nichts zu sagen.

JAKOB Die ganzen Jungens schmeißen nur so mit Geschenken um sich, und ich stehe so da. Sie müssen sich in meine Lage versetzen. Aber so geht es mir immer. Ich könnte Ihnen da Lagen aufzählen! Mensch, da steht Ihnen der Verstand still. Da treffe ich neulich die Spelunken-Jenny, na, sage ich, alte Sau . . . *Sieht plötzlich Mac hinter sich stehen und geht wortlos weg.*

MAC *führt Polly zu ihrem Platz:* Das ist das beste Essen, das du an diesem Tage kosten wirst, Polly. Darf ich bitten! *Alles setzt sich zum Hochzeitsessen.*[4]

EDE *auf das Service deutend:* Schöne Teller, Savoy-Hotel.

JAKOB Die Mayonnaise-Eier sind von Selfridge. Es war noch ein Kübel Gänseleberpastete vorgesehen. Aber den hat Jimmy unterwegs aus Wut aufgefressen, weil er ein Loch hatte.

WALTER Man sagt unter feinen Leuten nicht Loch.

JIMMY Friß die Eier nicht so hinunter, Ede, an diesem Tage!

MAC Kann nicht einer mal was singen? Was Ergötzliches?

MATTHIAS *verschluckt sich vor Lachen:* Was Ergötzliches? Das ist ein prima Wort. *Er setzt sich unter Macs vernichtendem Blick verlegen nieder.*

MAC *haut einem die Schüssel aus der Hand:* Ich wollte eigentlich noch nicht mit dem Essen anfangen. Ich hätte es lieber gesehen, wenn es bei euch nicht gleich »ran an den Tisch und rein in die Freßkübel« geheißen hätte, sondern erst irgend etwas Stimmungsvolles vorgegangen wäre. Bei anderen Leuten findet doch an solchem Tage auch etwas statt.

JAKOB Was zum Beispiel?

MAC Soll ich alles selber ausdenken? Ich verlange ja keine Oper hier. Aber irgendwas, was nicht bloß in Fressen und Zotenreißen besteht, hättet ihr schließlich auch vorbereiten können. Na ja, an solchem Tage zeigt es sich eben, wie man auf seine Freunde zählen kann.

POLLY Der Lachs ist wunderbar, Mac.

EDE Ja, einen solchen haben Sie noch nicht gefuttert. Das gibt's bei Mackie Messer alle Tage. Da haben Sie sich richtig in den Honigtopf gesetzt. Ich habe immer gesagt: Mac ist mal eine Partie für ein Mädchen, das Sinn für Höheres hat. Das habe ich noch gestern zu Lucy gesagt.

POLLY Lucy? Wer ist Lucy, Mac?

JAKOB *verlegen:* Lucy? Ach, wissen Sie, das dürfen Sie nicht so ernst nehmen.

Matthias ist aufgestanden und macht hinter Polly große Armbewegungen, um Jakob zum Schweigen zu bringen.

POLLY *sieht ihn:* Fehlt Ihnen etwas? Vielleicht Salz . . .? Was wollten Sie eben sagen, Herr Jakob?

JAKOB Oh, nichts, gar nichts. Ich wollte wirklich hauptsächlich gar nichts sagen. Ich werde mir hier mein Maul verbrennen.

MAC Was hast du da in der Hand, Jakob?

JAKOB Ein Messer, Captn.

MAC Und was hast du denn auf dem Teller?

JAKOB Eine Forelle, Captn.

MAC So, und mit dem Messer, nicht wahr, da ißt du die Forelle. Jakob, das ist unerhört, hast du so was schon gesehen, Polly? Ißt den Fisch mit dem Messer! Das ist doch einfach eine Sau, der so was macht, verstehst du mich, Jakob? Da kannst du was lernen. Du wirst allerhand zu tun haben, Polly, bis du aus solchen Dreckhaufen Menschen gemacht hast. Wißt ihr denn überhaupt, was das ist: ein Mensch?

WALTER Der Mensch oder das Mensch?

POLLY Pfui, Herr Walter!

MAC Also, ihr wollt kein Lied singen, nichts, was den Tag verschönt. Es soll wieder ein so trauriger, gewöhnlicher, verdammter Drecktag sein wie immer? Steht überhaupt einer vor der Tür? Das soll ich wohl auch selber besorgen? Soll ich mich an diesem Tage selber vor die Tür stellen, damit ihr euch hier auf meine Kosten vollstopfen könnt?

WALTER *muffig:* Was heißt das: meine Kosten?

JIMMY Hör doch auf, Walterchen! Ich gehe ja schon raus. Wer soll denn hierher schon kommen! *Geht hinaus.*

JAKOB Das wäre ulkig, wenn an einem solchen Tage alle Hochzeitsgäste hopsgingen!

JIMMY *stürzt herein:* Hallo, Captn, Polente!

WALTER Tiger-Brown!

MATTHIAS Unsinn, das ist Hochwürden Kimball.
  Kimball kommt herein.

ALLE *brüllen:* Guten Abend, Hochwürden Kimball!

KIMBALL Na, da hab ich euch ja doch gefunden. Eine kleine Hütte ist es, in der ich euch finde. Aber eigner Grund und Boden.

MAC Des Herzogs von Devonshire.

POLLY Guten Tag, Hochwürden, ach, ich bin ganz glücklich, daß Hochwürden am schönsten Tag unseres Lebens . . .

MAC Und jetzt bitte ich mir einen Kantus für Hochwürden Kimball aus.

MATTHIAS Wie wäre es mit Bill Lawgen und Mary Syer?

JAKOB Doch, Bill Lawgen, das wäre vielleicht passend.

KIMBALL Wäre hübsch, wenn ihr eins steigen ließt, Jungens!

MATTHIAS Fangen wir an, meine Herren.
  Drei Mann erheben sich und singen, zögernd, matt und unsicher:

DAS HOCHZEITSLIED FÜR ÄRMERE LEUTE

Bill Lawgen und Mary Syer
Wurden letzten Mittwoch Mann und Frau.

(Hoch sollen sie leben, hoch, hoch, hoch!)
Als sie drin standen vor dem Standesamt
Wußte er nicht, woher ihr Brautkleid stammt
Aber sie wußte seinen Namen nicht genau.
Hoch!

Wissen Sie, was Ihre Frau treibt? Nein!
Lassen Sie Ihr Lüstlingsleben sein? Nein!
(Hoch sollen sie leben, hoch, hoch, hoch!)
Billy Lawgen sagte neulich mir:
Mir genügt ein kleiner Teil von ihr!
Das Schwein.
Hoch!

MAC Ist das alles? Kärglich!

MATTHIAS *verschluckt sich wieder:* Kärglich, das ist das richtige Wort, meine Herren, kärglich.

MAC Halt die Fresse!

MATTHIAS Na, ich meine nur, kein Schwung, kein Feuer und so was.

POLLY Meine Herren, wenn keiner etwas vortragen will, dann will ich selber eine Kleinigkeit zum besten geben, und zwar werde ich ein Mädchen nachmachen, das ich einmal in einer dieser kleinen Vier-Penny-Kneipen in Soho gesehen habe. Es war das Abwaschmädchen, und Sie müssen wissen, daß alles über sie lachte und daß sie dann die Gäste ansprach und zu ihnen solche Dinge sagte, wie ich sie Ihnen gleich vorsingen werde. So, das ist die kleine Theke, Sie müssen sie sich verdammt schmutzig vorstellen, hinter der sie stand morgens und abends. Das ist der Spüleimer und das ist der Lappen, mit dem sie die Gläser abwusch. Wo Sie sitzen, saßen die Herren, die über sie lachten. Sie können auch lachen, daß es genau so ist; aber wenn Sie nicht können, dann brauchen Sie es nicht. *Sie fängt an, scheinbar die Gläser abzuwaschen und vor sich hin zu brabbeln.* Jetzt sagt zum

Beispiel einer von Ihnen – *auf Walter deutend* –, Sie: Na, wann kommt denn dein Schiff, Jenny?

WALTER Na, wann kommt denn dein Schiff, Jenny?

POLLY Und ein anderer sagt, zum Beispiel Sie: Wäschst du immer noch die Gläser auf, du Jenny, die Seeräuberbraut?

MATTHIAS Wäschst du immer noch die Gläser auf, du Jenny, die Seeräuberbraut?

POLLY So, und jetzt fange ich an.

Songbeleuchtung: goldenes Licht. Die Orgel wird illuminiert. An einer Stange kommen von oben drei Lampen herunter, und auf den Tafeln steht:

DIE SEERÄUBER-JENNY

1

Meine Herren, heute sehen Sie mich Gläser abwaschen
Und ich mache das Bett für jeden.
Und Sie geben mir einen Penny und ich bedanke mich schnell
Und Sie sehen meine Lumpen und dies lumpige Hotel
Und Sie wissen nicht, mit wem Sie reden.
Aber eines Abends wird ein Geschrei sein am Hafen
Und man fragt: Was ist das für ein Geschrei?
Und man wird mich lächeln sehn bei meinen Gläsern
Und man sagt: Was lächelt die dabei?
    Und ein Schiff mit acht Segeln
    Und mit fünfzig Kanonen
    Wird liegen am Kai.

2

Man sagt: Geh, wisch deine Gläser, mein Kind
Und man reicht mir den Penny hin.
Und der Penny wird genommen, und das Bett wird
        gemacht!

(Es wird keiner mehr drin schlafen in dieser Nacht.)
Und Sie wissen immer noch nicht, wer ich bin.
Aber eines Abends wird ein Getös sein am Hafen
Und man fragt: Was ist das für ein Getös?
Und man wird mich stehen sehen hinterm Fenster
Und man sagt: Was lächelt die so bös?
    Und das Schiff mit acht Segeln
    Und mit fünfzig Kanonen
    Wird beschießen die Stadt.

3
Meine Herren, da wird wohl Ihr Lachen aufhörn
Denn die Mauern werden fallen hin
Und die Stadt wird gemacht dem Erdboden gleich
Nur ein lumpiges Hotel wird verschont von jedem Streich
Und man fragt: Wer wohnt Besonderer darin?
Und in dieser Nacht wird ein Geschrei um das Hotel sein
Und man fragt: Warum wird das Hotel verschont?
Und man wird mich sehen treten aus der Tür gen Morgen
Und man sagt: Die hat darin gewohnt?
    Und das Schiff mit acht Segeln
    Und mit fünfzig Kanonen
    Wird beflaggen den Mast.

4
Und es werden kommen hundert gen Mittag an Land
Und werden in den Schatten treten
Und fangen einen jeglichen aus jeglicher Tür
Und legen ihn in Ketten und bringen vor mir
Und fragen: Welchen sollen wir töten?
Und an diesem Mittag wird es still sein am Hafen
Wenn man fragt, wer wohl sterben muß.
Und dann werden Sie mich sagen hören: Alle!
Und wenn dann der Kopf fällt, sag ich: Hoppla!
    Und das Schiff mit acht Segeln

Und mit fünfzig Kanonen
Wird entschwinden mit mir.

MATTHIAS Sehr nett, ulkig, was? Wie die das so hinlegt, die gnädige Frau!

MAC Was heißt das, nett? Das ist doch nicht nett, du Idiot! Das ist doch Kunst und nicht nett. Das hast du großartig gemacht, Polly. Aber vor solchen Dreckhaufen, entschuldigen Sie, Hochwürden, hat das ja gar keinen Zweck. *Leise zu Polly:* Übrigens, ich mag das gar nicht bei dir, diese Verstellerei, laß das gefälligst in Zukunft. *Am Tisch entsteht ein Gelächter. Die Bande macht sich über den Pfarrer lustig.* Was haben Sie denn in Ihrer Hand, Hochwürden?

JAKOB Zwei Messer, Captn!

MAC Was haben Sie auf dem Teller, Hochwürden?

KIMBALL Lachs, denke ich.

MAC So, und mit dem Messer, nicht wahr, da essen Sie den Lachs?

JAKOB Habt ihr so was schon gesehen, frißt den Fisch mit dem Messer; wer so was macht, das ist doch einfach eine . . .

MAC Sau. Verstehst du mich, Jakob? Kannst du was lernen.

JIMMY *hereinstürzend:* Hallo, Captn, Polente. Der Sheriff selber.

WALTER Brown, Tiger-Brown!

MAC Ja, Tiger-Brown, ganz richtig. Dieser Tiger-Brown ist es, Londons oberster Sheriff ist es, der Pfeiler von Old Bailey, der jetzt hier eintreten wird in Captn Macheaths armselige Hütte. Könnt ihr was lernen!
Die Banditen verkriechen sich.

JAKOB Das ist dann eben der Galgen!
Brown tritt auf.

MAC Hallo, Jackie!

BROWN Hallo, Mac! Ich habe nicht viel Zeit, ich muß gleich wieder gehen. Muß das ausgerechnet ein fremder Pferdestall sein? Das ist doch wieder Einbruch!

MAC Aber Jackie, er liegt so bequem, freue mich, daß du gekommen bist, deines alten Macs Hochzeitsfeier mit-
zumachen. Da stelle ich dir gleich meine Gattin vor, ge-
borene Peachum. Polly, das ist Tiger-Brown, was, alter
Junge? *Klopft ihn auf den Rücken.* Und das sind meine
Freunde, Jackie, die dürftest du alle schon einmal gesehen
haben.

BROWN *gequält:* Ich bin doch privat hier, Mac.

MAC Sie auch. *Er ruft sie. Sie kommen, Hände hoch.* Hallo,
Jakob!

BROWN Das ist Hakenfinger-Jakob, das ist ein großes
Schwein.

MAC Hallo, Jimmy, hallo, Robert, hallo, Walter!

BROWN Na, für heute Schwamm drüber.

MAC Hallo, Ede, hallo, Matthias!

BROWN Setzen Sie sich, meine Herren, setzen Sie sich!

ALLE Besten Dank, Herr.

BROWN Freue mich, die charmante Gattin meines alten Freundes Mac kennenzulernen.

POLLY Keine Ursache, Herr!

MAC Setz dich, alte Schaluppe, und segel mal hinein in den
Whisky! – Meine Polly, meine Herren! Sie sehen heute in
Ihrer Mitte einen Mann, den der unerforschliche Ratschluß
des Königs hoch über seine Mitmenschen gesetzt hat und
der doch mein Freund geblieben ist in allen Stürmen und
Fährnissen und so weiter. Sie wissen, wen ich meine, und du
weißt ja auch, wen ich meine, Brown. Ach, Jackie, erinnerst
du dich, wie wir, du als Soldat und ich als Soldat, bei der
Armee in Indien dienten? Ach, Jackie, singen wir gleich das
Kanonenlied!
Sie setzen sich beide auf den Tisch.

*Songbeleuchtung: goldenes Licht. Die Orgel wird illumi-
niert. An einer Stange kommen von oben drei Lampen herunter, und auf den Tafeln steht:*

1

John war darunter und Jim war dabei
Und Georgie ist Sergeant geworden
Doch die Armee, sie fragt keinen, wer er sei
Und sie marschierte hinauf nach dem Norden.
Soldaten wohnen
Auf den Kanonen
Vom Cap bis Couch Behar.
Wenn es mal regnete
Und es begegnete
Ihnen 'ne neue Rasse
'ne braune oder blasse
Da machen sie vielleicht daraus ihr Beefsteak Tartar.

2

Johnny war der Whisky zu warm
Und Jimmy hatte nie genug Decken
Aber Georgie nahm beide beim Arm
Und sagte: Die Armee kann nicht verrecken.
Soldaten wohnen
Auf den Kanonen
Vom Cap bis Couch Behar.
Wenn es mal regnete
Und es begegnete
Ihnen 'ne neue Rasse
'ne braune oder blasse
Da machen sie vielleicht daraus ihr Beefsteak Tartar.

3

John ist gestorben und Jim ist tot
Und Georgie ist vermißt und verdorben
Aber Blut ist immer noch rot
Und für die Armee wird jetzt wieder geworben!

Indem sie sitzend mit den Füßen marschieren:
Soldaten wohnen
Auf den Kanonen
Vom Cap bis Couch Behar.
Wenn es mal regnete
Und es begegnete
Ihnen 'ne neue Rasse
'ne braune oder blasse
Da machen sie vielleicht daraus ihr Beefsteak Tartar.

MAC Obwohl das Leben uns, die Jugendfreunde, mit seinen reißenden Fluten weit auseinandergerissen hat, obwohl unsere Berufsinteressen ganz verschieden, ja, einige würden sogar sagen, geradezu entgegengesetzt sind, hat unsere Freundschaft alles überdauert. Da könntet ihr was lernen! Kastor und Pollux, Hektor und Andromache und so weiter. Selten habe ich, der einfache Straßenräuber, na, ihr wißt ja, wie ich es meine, einen kleinen Fischzug getan, ohne ihm, meinem Freund, einen Teil davon, einen beträchtlichen Teil, Brown, als Angebinde und Beweis meiner unwandelbaren Treue zu überweisen, und selten hat, nimm das Messer aus dem Maul, Jakob, er, der allmächtige Polizeichef, eine Razzia veranstaltet, ohne vorher mir, seinem Jugendfreund, einen kleinen Fingerzeig zukommen zu lassen. Na, und so weiter, das beruht ja schließlich auf Gegenseitigkeit. Könnt ihr was lernen. *Er nimmt Brown unterm Arm.* Na, alter Jackie, freut mich, daß du gekommen bist, das ist wirkliche Freundschaft. *Pause, da Brown einen Teppich kummervoll betrachtet.* Echter Schiras.
BROWN Von der Orientteppich-Company.
MAC Ja, da holen wir alles. Weißt du, ich mußte dich heute dabei haben, Jackie, hoffentlich ist es nicht zu unangenehm für dich in deiner Stellung.
BROWN Du weißt doch, Mac, daß ich dir nichts abschlagen kann. Ich muß gehen, ich habe den Kopf wirklich so voll;

wenn bei der Krönung der Königin nur das geringste passiert ...

MAC Du, Jackie, weißt du, mein Schwiegervater ist ein ekelhaftes altes Roß. Wenn er da irgendeinen Stunk gegen mich zu machen versucht, liegt da in Scotland Yard etwas gegen mich vor?

BROWN In Scotland Yard liegt nicht das geringste gegen dich vor.

MAC Selbstverständlich.

BROWN Das habe ich doch alles erledigt. Gute Nacht.

MAC Wollt ihr nicht aufstehen?

BROWN *zu Polly:* Alles Gute! *Ab, von Mac begleitet.*

JAKOB *der mit Matthias und Walter währenddem mit Polly konferiert hatte:* Ich muß gestehen, ich konnte vorhin gewisse Befürchtungen nicht unterdrücken, als ich hörte, Tiger-Brown kommt.

MATTHIAS Wissen Sie, gnädige Frau, wir haben da Beziehungen zu den Spitzen der Behörden.

WALTER Ja, Mac hat da immer noch ein Eisen im Feuer, von dem unsereiner gar nichts ahnt. Aber wir haben ja auch unser kleines Eisen im Feuer. Meine Herren, es ist halb zehn.

MATTHIAS Und jetzt kommt das Größte.

Alle nach hinten, hinter den Teppich, der etwas verbirgt. Auftritt Mac.

MAC Na, was ist los?

MATTHIAS Captn, noch eine kleine Überraschung.

Sie singen hinter dem Teppich das Lied von Bill Lawgen, ganz stimmungsvoll und leise. Aber bei »Namen nicht genau« reißt Matthias den Teppich herunter, und alle singen grölend weiter, aufs Bett klopfend, das dahinter steht.

MAC Ich danke euch, Kameraden, ich danke euch.

WALTER Na, und nun der unauffällige Aufbruch.

Alle ab.

MAC Und jetzt muß das Gefühl auf seine Rechnung kommen. Der Mensch wird ja sonst zum Berufstier. Setz dich, Polly!

Musik.

MAC Siehst du den Mond über Soho?

POLLY Ich sehe ihn, Lieber. Fühlst du mein Herz schlagen, Geliebter?

MAC Ich fühle es, Geliebte.

POLLY Wo du hingehst, da will auch ich hingehen.

MAC Und wo du bleibst, da will auch ich sein.

BEIDE

Und gibt's auch kein Schriftstück vom Standesamt
Und keine Blume auf dem Altar
Und weiß ich auch nicht, woher dein Brautkleid stammt
Und ist keine Myrte im Haar –
Der Teller, von welchem du issest dein Brot
Schau ihn nicht lang an, wirf ihn fort!
Die Liebe dauert oder dauert nicht
An dem oder jenem Ort.

3

FÜR PEACHUM, DER DIE HÄRTE DER WELT KENNT, BEDEUTET DER VERLUST SEINER TOCHTER DASSELBE WIE VOLLKOMMENER RUIN.

Peachums Bettlergarderoben

Rechts Peachum und Frau Peachum. Unter der Tür steht Polly in Mantel und Hut, ihre Reisetasche in der Hand.

FRAU PEACHUM Geheiratet? Erst behängt man sie hinten und vorn mit Kleidern und Hüten und Handschuhen und Sonnenschirmen, und wenn sie soviel gekostet hat wie ein Segelschiff, dann wirft sie sich selber auf den Mist wie eine faule Gurke. Hast du wirklich geheiratet?

Songbeleuchtung: goldenes Licht. Die Orgel wird illuminiert. An einer Stange kommen drei Lampen herunter, und auf den Tafeln steht:

DURCH EIN KLEINES LIED DEUTET POLLY IHREN ELTERN
IHRE VERHEIRATUNG MIT DEM RÄUBER MACHEATH AN

1
Einst glaubte ich, als ich noch unschuldig war
Und das war ich einst grad so wie du
Vielleicht kommt auch zu mir einmal einer
Und dann muß ich wissen, was ich tu.
Und wenn er Geld hat
Und wenn er nett ist
Und sein Kragen ist auch werktags rein
Und wenn er weiß, was sich bei einer Dame schickt
Dann sage ich ihm »Nein«.
Da behält man seinen Kopf oben
Und man bleibt ganz allgemein.
Sicher scheint der Mond die ganze Nacht
Sicher wird das Boot am Ufer losgemacht
Aber weiter kann nichts sein.
Ja, da kann man sich doch nicht nur hinlegen
Ja, da muß man kalt und herzlos sein.
Ja, da könnte so viel geschehen
Ach, da gibt's überhaupt nur: Nein.

2

Der erste, der kam, war ein Mann aus Kent
Der war, wie ein Mann sein soll.
Der zweite hatte drei Schiffe im Hafen
Und der dritte war nach mir toll.
Und als sie Geld hatten
Und als sie nett waren
Und ihr Kragen war auch werktags rein
Und als sie wußten, was sich bei einer Dame schickt
Da sagte ich ihnen »Nein«.
Da behielt ich meinen Kopf oben
Und ich blieb ganz allgemein.
Sicher schien der Mond die ganze Nacht
Sicher ward das Boot am Ufer losgemacht
Aber weiter konnte nichts sein.
Ja, da kann man sich doch nicht nur hinlegen
Ja, da mußt' ich kalt und herzlos sein.
Ja, da könnte doch viel geschehen
Aber da gibt's überhaupt nur: Nein.

3

Jedoch eines Tags, und der Tag war blau
Kam einer, der mich nicht bat
Und er hängte seinen Hut an den Nagel in meiner Kammer
Und ich wußte nicht, was ich tat.
Und als er kein Geld hatte
Und als er nicht nett war
Und sein Kragen war auch am Sonntag nicht rein
Und als er nicht wußte, was sich bei einer Dame schickt
Zu ihm sagte ich nicht »Nein«.
Da behielt ich meinen Kopf nicht oben
Und ich blieb nicht allgemein.
Ach, es schien der Mond die ganze Nacht
Und es ward das Boot am Ufer festgemacht
Und es konnte gar nicht anders sein!

Ja, da muß man sich doch einfach hinlegen
Ja, da kann man doch nicht kalt und herzlos sein.
Ach, da mußte so viel geschehen
Ja, da gab's überhaupt kein Nein.

PEACHUM So, eine Verbrecherschlampe ist sie geworden. Das ist schön. Das ist angenehm.

FRAU PEACHUM Wenn du schon so unmoralisch bist, überhaupt zu heiraten, mußte es ausgerechnet ein Pferdedieb und Wegelagerer sein? Das wird dir noch teuer zu stehen kommen! Ich hätte es ja kommen sehen müssen. Schon als Kind hatte sie einen Kopf auf wie die Königin von England!

PEACHUM Also, sie hat wirklich geheiratet!

FRAU PEACHUM Ja, gestern abend um fünf Uhr.

PEACHUM Einen notorischen Verbrecher. Wenn ich es mir überlege, ist es ein Beweis großer Kühnheit bei diesem Menschen. Wenn ich meine Tochter, die die letzte Hilfsquelle meines Alters ist, wegschenke, dann stürzt mein Haus ein, und mein letzter Hund läuft weg. Ich würde mich nicht getrauen, das Schwarze unter dem Nagel wegzuschenken, ohne den direkten Hungertod herauszufordern. Ja, wenn wir alle drei mit einem Scheit Holz durch den Winter kämen, könnten wir vielleicht das nächste Jahr noch sehen. Vielleicht.

FRAU PEACHUM Ja, was denkst du dir eigentlich? Das ist der Lohn für alles, Jonathan. Ich werde verrückt. In meinem Kopf schwimmt alles. Ich kann mich nicht mehr halten. Oh! *Sie wird ohnmächtig.* Ein Glas Cordial Médoc.

PEACHUM Da siehst du, wohin du deine Mutter gebracht hast. Schnell! Also eine Verbrecherschlampe, das ist schön, das ist angenehm. Interessant, wie sich die arme Frau das zu Herzen genommen hat. *Polly kommt mit einer Flasche Cordial Médoc.* Dies ist der einzige Trost, der deiner armen Mutter bleibt.

POLLY Gib ihr nur ruhig zwei Glas. Meine Mutter verträgt das doppelte Quantum, wenn sie nicht ganz bei sich ist. Das bringt sie wieder auf die Beine. *Sie hat während der ganzen Szene ein sehr glückliches Aussehen.*

FRAU PEACHUM *erwacht:* Oh, jetzt zeigt sie wieder diese falsche Anteilnahme und Fürsorge!

Fünf Männer treten auf.[5]

BETTLER Ich muß mir ganz energisch beschweren, indem das ein Saustall ist, indem es überhaupt kein richtiger Stumpf ist, sondern eine Stümperei, wofür ich nicht mein Geld hinausschmeiße.

PEACHUM Was willst du, das ist ein ebenso guter Stumpf wie alle anderen, nur, du hältst ihn nicht sauber.

BETTLER So, und warum verdiene ich nicht ebensoviel wie alle anderen? Nee, das können Sie mit mir nich machen. *Schmeißt den Stumpf hin.* Da kann ich mir ja mein richtiges Bein abhacken, wenn ich so einen Schund will.

PEACHUM Ja, was wollt ihr denn eigentlich? Was kann ich denn dafür, daß die Leute ein Herz haben wie Kieselstein? Ich kann euch doch nicht fünf Stümpfe machen! Ich mache aus jedem Mann in fünf Minuten ein so bejammernswertes Wrack, daß ein Hund weinen würde, wenn er ihn sieht. Was kann ich dafür, wenn ein Mensch nicht weint! Da hast du noch einen Stumpf, wenn dir der eine nicht ausreicht. Aber pflege deine Sachen!

BETTLER Damit wird es gehen.

PEACHUM *prüft bei einem andern eine Prothese:* Leder ist schlecht, Celia, Gummi ist ekelhafter. *Zum dritten:* Die Beule geht auch schon zurück, und dabei ist es deine letzte. Jetzt können wir wieder von vorn anfangen. *Den vierten untersuchend:* Naturgrind ist natürlich nie das, was Kunstgrind ist. *Zum fünften:* Ja, wie schaust du denn aus? Du hast wieder gefressen, da muß jetzt ein Exempel statuiert werden.

BETTLER Herr Peachum, ich habe wirklich nichts Besonderes gegessen, mein Speck ist bei mir unnatürlich, dafür kann ich nicht.

PEACHUM Ich auch nicht. Du bist entlassen. *Nochmals zum zweiten Bettler:* Zwischen »erschüttern« und »auf die Nerven fallen« ist natürlich ein Unterschied, mein Lieber. Ja, ich brauche Künstler. Nur Künstler erschüttern heute noch das Herz. Wenn ihr richtig arbeiten würdet, müßte euer Publikum in die Hände klatschen! Dir fällt ja nichts ein! So kann ich dein Engagement natürlich nicht verlängern.
Die Bettler ab.

POLLY Bitte, schau ihn dir an, ist er etwa schön? Nein. Aber er hat sein Auskommen. Er bietet mir eine Existenz! Er ist ein ausgezeichneter Einbrecher, dabei ein weitschauender und erfahrener Straßenräuber. Ich weiß ganz genau, ich könnte dir die Zahl nennen, wieviel seine Ersparnisse heute schon betragen. Einige glückliche Unternehmungen, und wir können uns auf ein kleines Landhaus zurückziehen, ebenso gut wie Herr Shakespeare, den unser Vater so schätzt.

PEACHUM Also, das ist alles ganz einfach. Du bist verheiratet. Was macht man, wenn man verheiratet ist? Nur nicht denken. Na, man läßt sich scheiden, nicht wahr, ist das so schwer herauszubringen?

POLLY Ich weiß nicht, was du meinst.

FRAU PEACHUM Scheidung.

POLLY Aber ich liebe ihn doch, wie kann ich da an Scheidung denken?

FRAU PEACHUM Sag mal, genierst du dich gar nicht?

POLLY Mutter, wenn du je geliebt hast . . .

FRAU PEACHUM Geliebt! Diese verdammten Bücher, die du gelesen hast, die haben dir den Kopf verdreht. Polly, das machen doch alle so!

POLLY Dann mach ich eben eine Ausnahme.

FRAU PEACHUM Dann werde ich dir deinen Hintern versohlen, du Ausnahme.

POLLY Ja, das machen alle Mütter, aber das hilft nichts. Weil die Liebe größer ist, als wenn der Hintern versohlt wird.

FRAU PEACHUM Polly, schlag dem Faß nicht den Boden aus.

POLLY Meine Liebe laß ich mir nicht rauben.

FRAU PEACHUM Noch ein Wort, und du kriegst eine Ohrfeige.

POLLY Die Liebe ist aber doch das Höchste auf der Welt.

FRAU PEACHUM Der Kerl, der hat ja überhaupt mehrere Weiber. Wenn der mal gehängt wird, meldet sich womöglich ein halbes Dutzend Weibsbilder als Witwen und jede womöglich noch mit einem Balg auf dem Arm. Ach, Jonathan!

PEACHUM Gehängt, wie kommst du auf gehängt, das ist eine gute Idee. Geh mal raus, Polly. *Polly ab.* Richtig. Das gibt vierzig Pfund.

FRAU PEACHUM Ich versteh dich. Beim Sheriff anzeigen.

PEACHUM Selbstverständlich. Und außerdem wird er uns dann umsonst gehängt ... Das sind zwei Fliegen mit einem Schlag. Nur, wir müssen wissen, wo er überhaupt steckt.

FRAU PEACHUM Ich werde es dir genau sagen, mein Lieber, bei seinen Menschern steckt er.

PEACHUM Aber die werden ihn nicht angeben.

FRAU PEACHUM Das laß mich nur machen. Geld regiert die Welt. Ich gehe sofort nach Turnbridge und spreche mit den Mädchen. Wenn dieser Herr von jetzt ab in zwei Stunden sich auch nur mit einer einzigen trifft, ist er geliefert.

POLLY *hat hinter der Tür gehorcht:* Liebe Mama, den Weg kannst du dir ersparen. Ehe Mac mit einer solchen Dame zusammentrifft, wird er selber in die Kerker von Old Bailey gehen. Aber selbst wenn er nach Old Bailey ginge, würde ihm der Sheriff einen Cocktail anbieten und bei einer Zigarre mit ihm über ein gewisses Geschäft in dieser Straße plaudern, wo auch nicht alles mit rechten Dingen zugeht. Denn, lieber Papa, dieser Sheriff war sehr lustig auf meiner Hochzeit.

PEACHUM Wie heißt der Sheriff?

POLLY Brown heißt er. Aber du wirst ihn nur unter Tiger-Brown kennen. Denn alle, die ihn zu fürchten haben, nennen ihn Tiger-Brown. Aber mein Mann, siehst du, sagt Jackie zu ihm. Denn für ihn ist er einfach sein lieber Jackie. Sie sind Jugendfreunde.

PEACHUM So, so, das sind Freunde. Der Sheriff und der oberste Verbrecher, na, das sind wohl die einzigen Freunde in dieser Stadt.

POLLY *poetisch:* Sooft sie einen Cocktail zusammen tranken, streichelten sie einander die Wangen und sagten: »Wenn du noch einen kippst, dann will ich auch noch einen kippen.« Und sooft einer hinausging, wurden dem anderen die Augen feucht, und er sagte: »Wenn du wohin gehst, will ich auch wohin gehen.« Gegen Mac liegt in Scotland Yard gar nichts vor.

PEACHUM So, so. Von Dienstag abend bis Donnerstag früh hat Herr Macheath, ein sicher mehrfach verheirateter Herr, meine Tochter Polly Peachum unter dem Vorwand der Verehelichung aus dem elterlichen Hause gelockt. Bevor die Woche herum ist, wird man ihn aus diesem Grunde an den Galgen führen, den er verdient hat. »Herr Macheath, Sie hatten einst weiße Glacéhandschuhe, einen Stock mit einem Elfenbeingriff und eine Narbe am Hals und verkehrten im Tintenfisch-Hotel. Übriggeblieben ist Ihre Narbe, welche wohl den geringsten Wert unter Ihren Kennzeichen besaß, und Sie verkehren nur mehr in Käfigen und absehbar bald nirgends mehr . . .«

FRAU PEACHUM Ach, Jonathan, das wird dir nicht gelingen, denn es handelt sich um Mackie Messer, den man den größten Verbrecher Londons nennt. Der nimmt, was er will.

PEACHUM Wer ist Mackie Messer?! Mach dich fertig, wir gehen zu dem Sheriff von London. Und du gehst nach Turnbridge.

FRAU PEACHUM Zu seinen Huren.

PEACHUM Denn die Gemeinheit der Welt ist groß, und man muß sich die Beine ablaufen, damit sie einem nicht gestohlen werden.

POLLY Ich, Papa, werde Herrn Brown sehr gern wieder die Hand schütteln.

Alle drei treten nach vorne und singen bei Songbeleuchtung das erste Finale. Auf den Tafeln steht:

Erstes Dreigroschen-Finale

POLLY
Was ich möchte, ist es viel?
Einmal in dem tristen Leben
Einem Mann mich hinzugeben.
Ist das ein zu hohes Ziel?

PEACHUM *mit der Bibel in den Händen:*
Das Recht des Menschen ist's auf dieser Erden
Da er doch nur kurz lebt, glücklich zu sein
Teilhaftig aller Lust der Welt zu werden
Zum Essen Brot zu kriegen und nicht einen Stein.
Das ist des Menschen nacktes Recht auf Erden.
Doch leider hat man bisher nie vernommen
Daß einer auch sein Recht bekam – ach wo!
Wer hätte nicht gern einmal Recht bekommen
Doch die Verhältnisse, sie sind nicht so.

FRAU PEACHUM
Wie gern wär ich zu dir gut
Alles möchte ich dir geben
Daß du etwas hast vom Leben
Weil man das doch gerne tut.

PEACHUM
Ein guter Mensch sein! Ja, wer wär's nicht gern?
Sein Gut den Armen geben, warum nicht?
Wenn alle gut sind, ist S e i n Reich nicht fern
Wer säße nicht sehr gern in Seinem Licht?
Ein guter Mensch sein? Ja, wer wär's nicht gern?
Doch leider sind auf diesem Sterne eben

Die Mittel kärglich und die Menschen roh.
Wer möchte nicht in Fried und Eintracht leben?
Doch die Verhältnisse, sie sind nicht so!

POLLY UND FRAU PEACHUM
Da hat er eben leider recht.
Die Welt ist arm, der Mensch ist schlecht.

PEACHUM
Natürlich hab ich leider recht
Die Welt ist arm, der Mensch ist schlecht.
Wer wollt auf Erden nicht ein Paradies?
Doch die Verhältnisse, gestatten sie's?
Nein, sie gestatten's eben nicht.
Dein Bruder, der doch an dir hangt
Wenn halt für zwei das Fleisch nicht langt
Tritt er dir eben ins Gesicht.
Auch treu sein, ja, wer wollt es nicht?
Doch deine Frau, die an dir hangt
Wenn deine Liebe ihr nicht langt
Tritt sie dir eben ins Gesicht.
Ja, dankbar sein, wer wollt es nicht?
Und doch, dein Kind, das an dir hangt
Wenn dir das Altersbrot nicht langt
Tritt es dir eben ins Gesicht.
Ja, menschlich sein, wer wollt es nicht!

POLLY UND FRAU PEACHUM
Ja, das ist eben schade
Das ist das riesig Fade.
Die Welt ist arm, der Mensch ist schlecht
Da hat er eben leider recht.

PEACHUM
Natürlich hab ich leider recht

Die Welt ist arm, der Mensch ist schlecht.
Wir wären gut – anstatt so roh
Doch die Verhältnisse, sie sind nicht so.

ALLE DREI

Ja, dann ist's freilich nichts damit
Dann ist das eben alles Kitt!

PEACHUM

Die Welt ist arm, der Mensch ist schlecht
Da hab ich eben leider recht!

ALLE DREI

Und das ist eben schade
Das ist das riesig Fade.
Und darum ist es nichts damit
Und darum ist das alles Kitt!

Zweiter Akt

4

DONNERSTAG NACHMITTAG; MACKIE MESSER NIMMT ABSCHIED
VON SEINER FRAU, UM VOR SEINEM SCHWIEGERVATER AUF DAS
MOOR VON HIGHGATE ZU FLIEHEN.

Der Pferdestall

POLLY *kommt herein:* Mac! Mac, erschrick nicht.

MAC *liegt auf dem Bett:* Na, was ist los, wie siehst du aus,
Polly?

POLLY Ich bin bei Brown gewesen, und mein Vater ist auch
dort gewesen, und sie haben ausgemacht, daß sie dich fassen
wollen, mein Vater hat mit etwas Furchtbarem gedroht und
Brown hat zu dir gehalten, aber dann ist er zusammen-
gebrochen, und jetzt meint er auch, du solltest schleunigst
für einige Zeit unsichtbar werden, Mac. Du mußt gleich
packen.

MAC Ach, Unsinn, packen. Komm her, Polly. Ich will jetzt
etwas ganz anderes mit dir machen als packen.

POLLY Nein, das dürfen wir jetzt nicht. Ich bin so erschrocken.
Es war immerfort vom Hängen die Rede.

MAC Ich mag das nicht, Polly, wenn du launisch bist. Gegen
mich liegt in Scotland Yard gar nichts vor.

POLLY Ja, gestern vielleicht nicht, aber heute liegt plötzlich
ungeheuer viel vor. Du hast – ich habe die Anklageakten
mitgebracht, ich weiß gar nicht, ob ich es noch zusammen-
kriege, es ist eine Liste, die überhaupt nicht aufhört –, du
hast zwei Kaufleute umgebracht, über dreißig Einbrüche,
dreiundzwanzig Straßenüberfälle, Brandlegungen, vorsätz-

liche Morde, Fälschungen, Meineide, alles in eineinhalb Jahren. Du bist ein schrecklicher Mensch. Und in Winchester hast du zwei minderjährige Schwestern verführt.

MAC Mir haben sie gesagt, sie seien über Zwanzig. Was sagte Brown? *Er steht langsam auf und geht pfeifend nach rechts, an der Rampe entlang.*

POLLY Er faßte mich noch im Flur und sagte, jetzt könne er nichts mehr für dich machen. Ach, Mac! *Sie wirft sich an seinen Hals.*

MAC Also gut, wenn ich weg muß, dann mußt du die Leitung des Geschäfts übernehmen.

POLLY Rede jetzt nicht von Geschäften, Mac, ich kann es nicht hören, küsse deine arme Polly noch einmal und schwöre ihr, daß du sie nie, nie . . .
Mac unterbricht sie jäh und führt sie an den Tisch, wo er sie auf einen Stuhl niederdrückt.

MAC Das sind die Hauptbücher. Hör gut zu. Da ist die Liste des Personals. *Liest:* Also, das ist Hakenfinger-Jakob, eineinhalb Jahre im Geschäft, wollen mal sehen, was er gebracht hat. Ein, zwei, drei, vier, fünf goldene Uhren, viel ist es nicht, aber es ist saubere Arbeit. Setz dich nicht auf meinen Schoß, ich bin jetzt nicht in Stimmung. Da ist Trauerweiden-Walter, ein unzuverlässiger Hund. Verkitscht Zeug auf eigene Faust. Drei Wochen Galgenfrist, dann ab. Du meldest ihn einfach bei Brown.

POLLY *schluchzend:* Ich melde ihn einfach bei Brown.

MAC Jimmy II, ein unverschämter Kunde, einträglich, aber unverschämt. Räumt Damen der besten Gesellschaft das Bettuch unter dem Hintern weg. Gib ihm Vorschuß.

POLLY Ich geb ihm Vorschuß.

MAC Säge-Robert, Kleinigkeitskrämer, ohne eine Spur von Genie, kommt nicht an den Galgen, hinterläßt auch nichts.

POLLY Hinterläßt auch nichts.

MAC Im übrigen machst du es genau wie bisher, stehst um sieben Uhr auf, wäschst dich, badest einmal und so weiter.

POLLY Du hast ganz recht, ich muß die Zähne zusammenbeißen und auf das Geschäft aufpassen. Was dein ist, das ist jetzt auch mein, nicht wahr, Mackie? Wie ist das denn mit deinen Zimmern, Mac? Soll ich die nicht aufgeben? Um die Miete ist es mir direkt leid!

MAC Nein, die brauche ich noch.

POLLY Aber wozu, das kostet doch nur unser Geld!

MAC Du scheinst zu meinen, ich komme überhaupt nicht mehr zurück.

POLLY Wieso? Dann kannst du doch wieder mieten! 6 Mac... Mac, ich kann nicht mehr. Ich sehe immer deinen Mund an, und dann höre ich nicht, was du sprichst. Wirst du mir auch treu sein, Mac?

MAC Selbstverständlich werde ich dir treu sein, ich werde doch Gleiches mit Gleichem vergelten. Meinst du, ich liebe dich nicht? Ich sehe nur weiter als du.

POLLY Ich bin dir so dankbar, Mac. Du sorgst für mich, und die anderen sind hinter dir her wie die Bluthunde...

Wie er hört »Bluthunde«, erstarrt er, steht auf, geht nach rechts, wirft den Rock ab, wäscht die Hände.

MAC *hastig:* Den Reingewinn schickst du weiterhin an das Bankhaus Jack Poole in Manchester. Unter uns gesagt: es ist eine Frage von Wochen, daß ich ganz in das Bankfach übergehe. Es ist sowohl sicherer als auch einträglicher. In höchstens zwei Wochen muß das Geld herausgenommen sein aus diesem Geschäft, dann gehst du zu Brown und lieferst der Polizei die Liste ab. In höchstens vier Wochen ist dieser ganze Abschaum der Menschheit in den Kerkern von Old Bailey verschwunden.

POLLY Aber, Mac! Kannst du ihnen denn in die Augen schauen, wenn du sie durchgestrichen hast und sie so gut wie gehängt sind? Kannst du ihnen dann noch die Hand drücken?

MAC Wem? Säge-Robert, Münz-Matthias, Hakenfinger-Jakob? Diesen Galgenvögeln?

Auftritt die Platte.

MAC Meine Herren, ich freue mich, Sie zu sehen.

POLLY Guten Tag, meine Herren.

MATTHIAS Captn, ich habe die Liste mit den Krönungsfeierlichkeiten jetzt bekommen. Ich darf wohl sagen, wir haben Tage schwerster Arbeit vor uns. In einer halben Stunde trifft der Erzbischof von Canterbury ein.

MAC Wann?

MATTHIAS Fünf Uhr dreißig. Wir müssen sofort los, Captn.

MAC Ja, ihr müßt sofort weg.

ROBERT Was heißt: ihr?

MAC Ja, was mich betrifft, so bin ich leider gezwungen, eine kleine Reise anzutreten.

ROBERT Um Gottes willen, will man Sie hopsnehmen?

MATTHIAS Und das ausgerechnet, wo die Krönung bevorsteht! Die Krönung ohne Sie ist wie ein Brei ohne Löffel.

MAC Halt die Fresse! Zu diesem Zweck übergebe ich für kurze Zeit meiner Frau die Leitung des Geschäfts. Polly! *Er schiebt sie vor und geht selber nach hinten, sie von dort beobachtend.*

POLLY Jungens, ich denke, unser Captn kann da ganz ruhig abreisen. Wir werden das Ding schon schmeißen. Erstklassig, was, Jungens?

MATTHIAS Ich habe ja nichts zu sagen. Aber ich weiß nicht, ob da eine Frau in einer solchen Zeit . . . Das ist nicht gegen Sie gerichtet, gnädige Frau.

MAC *von hinten:* Was sagst du dazu, Polly?

POLLY Du Sauhund, du fängst ja gut an. *Schreit:* Natürlich ist das nicht gegen mich gerichtet! Sonst würden diese Herren dir schon längst deine Hosen ausgezogen und deinen Hintern versohlt haben, nicht wahr, meine Herren?

Kleine Pause, dann klatschen alle wie besessen.

JAKOB Ja, da ist schon was dran, das kannst du ihr glauben.

WALTER Bravo, die Frau Captn weiß das rechte Wort zu finden! Hoch Polly!

ALLE Hoch Polly!

MAC Das Ekelhafte daran ist, daß ich dann zur Krönung nicht da sein kann. Das ist hundertprozentiges Geschäft. Am Tage alle Wohnungen leer und nachts die ganze Hautevolée besoffen. Übrigens, du trinkst zuviel, Matthias. Du hast vorige Woche wieder durchblicken lassen, daß die Inbrandsteckung des Kinderhospitals in Greenwich von dir gemacht wurde. Wenn so etwas noch einmal vorkommt, bist du entlassen. Wer hat das Kinderhospital in Brand gesteckt?

MATTHIAS Ich doch.

MAC *zu den andern:* Wer hat es in Brand gesteckt?

DIE ANDERN Sie, Herr Macheath.

MAC Also wer?

MATTHIAS *mürrisch:* Sie, Herr Machéath. Auf diese Weise kann unsereiner natürlich nie hochkommen.

MAC *deutet mit einer Geste das Aufknüpfen an:* Du kommst schon hoch, wenn du meinst, du kannst mit mir konkurrieren. Hat man je gehört, daß ein Oxfordprofessor seine wissenschaftlichen Irrtümer von irgendeinem Assistenten zeichnen läßt? Er zeichnet selbst.

ROBERT Gnädige Frau, befehlen Sie über uns, während Ihr Herr Gemahl verreist ist, jeden Donnerstag Abrechnung, gnädige Frau.

POLLY Jeden Donnerstag, Jungens.

Die Platte ab.

MAC Und jetzt adieu, mein Herz, halte dich frisch und vergiß nicht, dich jeden Tag zu schminken, genauso, als wenn ich da wäre. Das ist sehr wichtig, Polly.

POLLY Und du, Mac, versprichst mir, daß du keine Frau mehr ansehen willst und gleich wegreisest. Glaube mir, daß deine kleine Polly das nicht aus Eifersucht sagt, sondern das ist sehr wichtig, Mac.

MAC Aber Polly, warum sollte ich mich um solche ausgelaufenen Eimer kümmern. Ich liebe doch nur dich. Wenn die Dämmerung stark genug ist, werde ich meinen Rappen aus irgendeinem Stall holen, und bevor du den Mond von deinem Fenster aus siehst, bin ich schon hinter dem Moor von Highgate.

POLLY Ach, Mac, reiß mir nicht das Herz aus dem Leibe. Bleibe bei mir und laß uns glücklich sein.

MAC Ich muß mir ja selber das Herz aus dem Leibe reißen, denn ich muß fort, und niemand weiß, wann ich wiederkehre.

POLLY Es hat so kurz gedauert, Mac.

MAC Hört es denn auf?

POLLY Ach, gestern hatte ich einen Traum. Da sah ich aus dem Fenster und hörte ein Gelächter in der Gasse, und wie ich hinaussah, sah ich unseren Mond, und der Mond war ganz dünn, wie ein Penny, der schon abgegriffen ist. Vergiß mich nicht, Mac, in den fremden Städten.

MAC Sicher vergesse ich dich nicht, Polly. Küß mich, Polly.

POLLY Adieu, Mac.

MAC Adieu, Polly. *Im Abgehen:*
Die Liebe dauert oder dauert nicht
An dem oder jenem Ort.

POLLY *allein:* Und er kommt doch nicht wieder. *Sie singt:*
»Hübsch, als es währte
Und nun ist's vorüber
Reiß aus dein Herz
Sag ›leb wohl‹, mein Lieber!
Was hilft all dein Jammer –
Leih, Maria, dein Ohr mir! –
Wenn meine Mutter selber
Wußte all das vor mir?«
Die Glocken fangen an zu läuten.

POLLY
Jetzt zieht die Königin in dieses London ein
Wo werden wir am Tag der Krönung sein!

Zwischenspiel

Vor den Vorhang tritt Frau Peachum mit der Spelunken-Jenny.

FRAU PEACHUM Also, wenn ihr Mackie Messer in den nächsten Tagen seht, lauft ihr zu dem nächsten Konstabler und zeigt ihn an, dafür bekommt ihr zehn Schillinge.

JENNY Aber werden wir ihn denn sehen, wenn die Konstabler hinter ihm her sind? Wenn die Jagd auf ihn anfängt, wird er sich doch nicht mit uns seine Zeit vertreiben.

FRAU PEACHUM Ich sage dir, Jenny, und wenn ganz London hinter ihm her ist, Macheath ist nicht der Mann, der seine Gewohnheiten deswegen aufgibt. *Sie singt:*

DIE BALLADE VON DER SEXUELLEN HÖRIGKEIT

1
Da ist nun einer schon der Satan selber
Der Metzger: er! Und alle andern: Kälber!
Der frechste Hund! Der schlimmste Hurentreiber!
Wer kocht ihn ab, der alle abkocht? Weiber.
Ob er will oder nicht – er ist bereit.
Das ist die sexuelle Hörigkeit.
    Er hält sich nicht an die Bibel. Er lacht übers BGB.
    Er meint, er ist der größte Egoist
    Weiß, daß wer 'n Weib sieht, schon verschoben ist.
    Drum duldet er kein Weib in seiner Näh:
    Er soll den Tag nicht vor dem Abend loben
    Denn vor es Nacht wird, liegt er wieder droben.

2
So mancher Mann sah manchen Mann verrecken:

Ein großer Geist blieb in 'ner Hure stecken!
Und die's mit ansahn, was sie sich auch schwuren –
Als sie verreckten, wer begrub sie? Huren.
Ob sie wollen oder nicht – sie sind bereit.
Das ist die sexuelle Hörigkeit.
  Der klammert sich an die Bibel. Der verbessert das BGB.
  Der wird ein Christ! Der wird ein Anarchist!
  Am Mittag zwingt man sich, daß man nicht Sellerie frißt.
  Nachmittags weiht man sich noch eilig 'ner Idee.
  Am Abend sagt man: mit mir geht's nach oben
  Und vor es Nacht wird, liegt man wieder droben.

5

DIE KRÖNUNGSGLOCKEN WAREN NOCH NICHT VERKLUNGEN UND
MACKIE MESSER SASS BEI DEN HUREN VON TURNBRIDGE! DIE
HUREN VERRATEN IHN. ES IST DONNERSTAG ABEND.

Hurenhaus in Turnbridge

*Gewöhnlicher Nachmittag; die Huren, meist im Hemd, bügeln
Wäsche, spielen Mühle, waschen sich: ein bürgerliches Idyll.[7]
Hakenfinger-Jakob liest die Zeitung, ohne daß sich jemand
um ihn kümmert. Er sitzt eher im Weg.*

JAKOB Heut kommt er nicht.
HURE So?
JAKOB Ich glaube, er kommt überhaupt nicht mehr.
HURE Das wär aber schade.

JAKOB So? Wie ich ihn kenne, ist er schon über die Stadtgrenze. Diesmal heißt es: abhauen!
Auftritt Macheath, hängt den Hut an einen Nagel, setzt sich auf das Sofa hinter dem Tisch.

MAC Meinen Kaffee!

VIXEN *wiederholt bewundernd:* »Meinen Kaffee!«

JAKOB *entsetzt:* Wieso bist du nicht in Highgate?

MAC Heute ist mein Donnerstag. Ich kann mich doch von meinen Gewohnheiten nicht durch solche Lappalien abhalten lassen. *Wirft die Anklageschrift auf den Boden.* Außerdem regnet es.

JENNY *liest die Anklageschrift:* Im Namen des Königs wird gegen den Captn Macheath Anklage erhoben wegen dreifachem ...

JAKOB *nimmt sie ihr weg:* Komm ich da auch vor?

MAC Natürlich, das ganze Personal.

JENNY *zur anderen Hure:* Du, das ist die Anklage. *Pause.* Mac, gib mal deine Hand her.
Er reicht die Hand.

DOLLY Ja, Jenny, lies ihm aus der Hand, das verstehst du aus dem Effeff. *Hält eine Petroleumlampe.*

MAC Reiche Erbschaft?

JENNY Nein, reiche Erbschaft nicht!

BETTY Warum schaust du so, Jenny, daß es einem kalt den Rücken herunterläuft?

MAC Eine weite Reise in Kürze?

JENNY Nein, keine weite Reise.

VIXEN Was siehst du denn?

MAC Bitte, nur das Gute, nicht das Schlechte!

JENNY Ach was, ich sehe da ein enges Dunkel und wenig Licht. Und dann sehe ich ein großes L, das heißt List eines Weibes. Dann sehe ich ...

MAC Halt. Über das enge Dunkel und die List zum Beispiel möchte ich Einzelheiten wissen, den Namen des listigen Weibes zum Beispiel.

JENNY Ich sehe nur, daß er mit J angeht.

MAC Dann ist es falsch. Er geht mit P an.

JENNY Mac, wenn die Krönungsglocken von Westminster läuten, wirst du eine schwere Zeit haben!

MAC Sag mehr! *Jakob lacht schallend.* Was ist denn los? *Er läuft zu Jakob, liest auch.* Ganz falsch, es waren nur drei.

JAKOB *lacht:* Eben!

MAC Hübsche Wäsche haben Sie da.

HURE Von der Wiege bis zur Bahre, zuerst die Wäsche!

ALTE HURE Ich verwende nie Seide. Die Herren halten einen sofort für krank.

Jenny drückt sich heimlich zur Tür hinaus.

ZWEITE HURE *zu Jenny:* Wo gehst du hin, Jenny?

JENNY Das werdet ihr sehen. *Ab.*

MOLLY Aber Hausmacherleinen schreckt auch ab.

ALTE HURE Ich habe sehr gute Erfolge mit Hausmacherleinen.

VIXEN Da fühlen sich die Herren gleich wie zu Hause.

MAC *zu Betty:* Hast du immer noch die schwarzen Paspeln?

BETTY Immer noch die schwarzen Paspeln.

MAC Was hast denn du für Wäsche?

ZWEITE HURE Ach, ich geniere mich direkt. Ich kann doch in mein Zimmer niemand bringen, meine Tante ist doch so mannstoll, und in den Hauseingängen, wißt ihr, ich habe da einfach gar keine Wäsche an. *Jakob lacht.*

MAC Bist du fertig?

JAKOB Nein, ich bin gerade bei den Schändungen.

MAC *wieder am Sofa:* Aber wo ist denn Jenny? Meine Damen, lange bevor mein Stern über dieser Stadt aufging . . .

VIXEN »Lange bevor mein Stern über dieser Stadt aufging . . .«

MAC . . . lebte ich in den dürftigsten Verhältnissen mit einer von Ihnen, meine Damen. Und wenn ich auch heute Mackie Messer bin, so werde ich doch niemals im Glück die Gefährten meiner dunklen Tage vergessen, vor allem Jenny, die mir die liebste war unter den Mädchen. Paßt mal auf!

Während nun Mac singt, steht rechts vor dem Fenster Jenny
und winkt dem Konstabler Smith. Dann gesellt sich zu ihr
noch Frau Peachum. Unter der Laterne stehen die drei und
beobachten das Haus.

DIE ZUHÄLTERBALLADE

1

MAC

In einer Zeit, die längst vergangen ist
Lebten wir schon zusammen, sie und ich
Und zwar von meinem Kopf und ihrem Bauch.
Ich schützte sie und sie ernährte mich.
Es geht auch anders, doch so geht es auch.
Und wenn ein Freier kam, kroch ich aus unserm Bett
Und drückte mich zu 'n Kirsch und war sehr nett
Und wenn er blechte, sprach ich zu ihm: Herr
Wenn sie mal wieder wollen – bitte sehr.
So hielten wir's ein volles halbes Jahr
In dem Bordell, wo unser Haushalt war.

Auftritt Jenny in der Tür, hinter ihr Smith.

2

JENNY

In jener Zeit, die nun vergangen ist
Hat er mich manches liebe Mal gestemmt.
Und wenn kein Zaster war, hat er mich angehaucht
Da hieß es gleich: du, ich versetz dein Hemd.
Ein Hemd, ganz gut, doch ohne geht es auch.
Da wurd ich aber tückisch, ja, na weißte!
Ich fragt ihn manchmal direkt, was er sich erdreiste.
Da hat er mir aber eins ins Zahnfleisch gelangt
Da bin ich manchmal direkt drauf erkrankt!

BEIDE
   Das war so schön in diesem halben Jahr
   In dem Bordell, wo unser Haushalt war.

3
BEIDE *zusammen und abwechselnd:*
   Zu jener Zeit, die nun vergangen ist [8]
MAC
   Die aber noch nicht ganz so trüb wie jetzt war
JENNY
   Wenn man auch nur bei Tag zusammenlag
MAC
   Da sie ja, wie gesagt, nachts meist besetzt war!
   (Nachts ist es üblich, doch 's geht auch bei Tag!)
JENNY
   War ich ja dann auch einmal hops von dir.
MAC
   Da machten wir's dann so: ich lag dann unter ihr
JENNY
   Weil er das Kind nicht schon im Mutterleib erdrücken wollte
MAC
   Das aber dann doch in die Binsen gehen sollte.
   Und dann war auch bald aus das halbe Jahr
   In dem Bordell, wo unser Haushalt war.
   *Tanz. Mac nimmt den Messerstock, sie reicht ihm den Hut,
   er tanzt noch, da legt ihm Smith die Hand auf die Schulter.*
SMITH Na, wir können ja losgehen!
MAC Hat diese Dreckbude immer noch nur einen Ausgang?
   *Smith will Macheath Handschellen anlegen, Mac stößt ihn
   vor die Brust, daß er zurücktaumelt, springt zum Fenster hin-
   aus. Vor dem Fenster steht Frau Peachum mit Konstablern.*
MAC *gefaßt, sehr höflich:* Guten Tag, gnädige Frau.
FRAU PEACHUM Mein lieber Herr Macheath. Mein Mann sagt,
   die größten Helden der Weltgeschichte sind über diese kleine
   Schwelle gestolpert.

MAC Darf ich fragen: wie geht es Ihrem Gatten?

FRAU PEACHUM Wieder besser. Leider müssen Sie sich jetzt von den reizenden Damen hier verabschieden. Konstabler, hallo, führen Sie den Herrn in sein neues Heim. *Man führt ihn ab. Frau Peachum zum Fenster hinein:* Meine Damen, wenn Sie ihn besuchen wollen, treffen Sie ihn immer zu Hause, der Herr wohnt von nun an in Old Bailey. Ich wußte es ja, daß er sich bei seinen Huren herumtreibt. Die Rechnung begleiche ich. Leben Sie wohl, meine Damen. *Ab.*

JENNY Du, Jakob, da ist was passiert.

JAKOB *der vor lauter Lesen nichts bemerkt hat:* Wo ist denn Mac?

JENNY Konstabler waren da!

JAKOB Um Gottes willen, und ich lese und ich lese und ich lese ... Junge, Junge, Junge! *Ab.*

6

VERRATEN VON DEN HUREN, WIRD MACHEATH DURCH DIE LIEBE EINES WEITEREN WEIBES AUS DEM GEFÄNGNIS BEFREIT.

Gefängnis in Old Bailey, ein Käfig

Auftritt Brown.

BROWN Wenn ihn nur meine Leute nicht erwischen! Lieber Gott, ich wollte, er ritte jenseits des Moors von Highgate und dächte an seinen Jackie. Aber er ist ja so leichtsinnig, wie alle großen Männer. Wenn sie ihn jetzt da hereinführen und er mich anblickt mit seinen treuen Freundesaugen, ich halte das nicht aus. Gott sei Dank, der Mond scheint wenigstens; wenn er jetzt über das Moor reitet, dann irrt er wenigstens nicht vom Pfad ab. *Geräusch hinten.* Was ist das? O mein Gott, da bringen sie ihn.

MAC *mit dicken Tauen gefesselt, von sechs Konstablern begleitet, tritt in stolzer Haltung ein:* Na, ihr Armleuchter, jetzt sind wir ja Gott sei Dank wieder in unserer alten Villa. *Er bemerkt Brown, der in die hinterste Ecke der Zelle flieht.*

BROWN *nach einer langen Pause, unter dem schrecklichen Blick seines einstigen Freundes:* Ach, Mac, ich bin es nicht gewesen ... ich habe alles gemacht, was ... sieh mich nicht so an, Mac ... ich kann es nicht aushalten ... Dein Schweigen ist auch fürchterlich. *Brüllt einen Konstabler an:* Zieh ihn nicht noch am Strick, du Schwein ... Sage etwas, Mac. Sage etwas zu deinem armen Jackie ... Gib ihm ein Wort mit auf seinen dunklen ... *Legt sein Haupt an die Mauer und weint.* Nicht eines Wortes hat er mich für würdig erachtet. *Ab.*

MAC Dieser elende Brown. Das leibhaftige schlechte Gewissen. Und so was will oberster Polizeichef sein. Es war gut, daß ich ihn nicht angeschrien habe. Zuerst dachte ich an so was. Aber dann überlegte ich mir gerade noch rechtzeitig, daß ein tiefer, strafender Blick ihm ganz anders den Rücken hinunterlaufen würde. Das hat gesessen. Ich blickte ihn an, und er weinte bitterlich. Den Trick habe ich aus der Bibel.

Auftritt Smith mit Handschellen.

MAC Na, Herr Aufseher, das sind wohl die schwersten, die Sie haben? Mit Ihrer gütigen Erlaubnis möchte ich um ein paar komfortablere bitten. *Er zieht sein Scheckbuch.*

SMITH Aber, Herr Captn, wir haben sie hier in jeder Preislage. Es kommt ganz darauf an, was Sie anlegen wollen. Von einer Guinee bis zu zehn.

MAC Was kosten gar keine?

SMITH Fünfzig.

MAC *schreibt einen Scheck aus:* Aber das Schlimmste ist, daß jetzt diese Geschichte mit der Lucy auffliegen wird. Wenn

Brown erfährt, daß ich hinter seinem Freundesrücken mit seiner Tochter was gemacht habe, dann verwandelt er sich in einen Tiger.

SMITH Ja, wie man sich bettet, so schläft man.

MAC Sicher wartet die Schlampe schon draußen. Das werden schöne Tage werden bis zur Hinrichtung.

Ihr Herrn, urteilt jetzt selbst, ist das ein Leben?
Ich finde nicht Geschmack an alledem.
Als kleines Kind schon hörte ich mit Beben:
Nur wer im Wohlstand lebt, lebt angenehm!

Songbeleuchtung: goldenes Licht. Die Orgel wird illu-
miniert. An einer Stange kommen von oben drei Lampen
herunter, und auf den Tafeln steht:

DIE BALLADE VOM ANGENEHMEN LEBEN [9]

1

Da preist man uns das Leben großer Geister
Das lebt mit einem Buch und nichts im Magen
In einer Hütte, daran Ratten nagen –
Mir bleibe man vom Leib mit solchem Kleister!
Das simple Leben lebe, wer da mag!
Ich habe (unter uns) genug davon.
Kein Vögelchen von hier bis Babylon
Vertrüge diese Kost nur einen Tag.
Was hilft da Freiheit? Es ist nicht bequem.
Nur wer im Wohlstand lebt, lebt angenehm!

2

Die Abenteurer mit dem kühnen Wesen
Und ihrer Gier, die Haut zu Markt zu tragen
Die stets so frei sind und die Wahrheit sagen
Damit die Spießer etwas Kühnes lesen:

Wenn man sie sieht, wie das am Abend friert
Mit kalter Gattin stumm zu Bette geht
Und horcht, ob niemand klatscht und nichts versteht
Und trostlos in das Jahr 5000 stiert –
Jetzt frag ich Sie nur noch: Ist das bequem?
Nur wer im Wohlstand lebt, lebt angenehm!

3
Ich selber könnte mich durchaus begreifen
Wenn ich mich lieber groß und einsam sähe.
Doch sah ich solche Leute aus der Nähe
Da sagt' ich mir: Das mußt du dir verkneifen.
Armut bringt außer Weisheit auch Verdruß
Und Kühnheit außer Ruhm auch bittre Mühn.
Jetzt warst du arm und einsam, weis' und kühn
Jetzt machst du mit der Größe aber Schluß.
Dann löst sich ganz von selbst das Glücksproblem:
Nur wer im Wohlstand lebt, lebt angenehm!

Auftritt Lucy.

LUCY Du gemeiner Schuft, du – wie kannst du mir ins Gesicht
sehen, nach allem, was zwischen uns gewesen ist?

MAC Lucy, hast du denn gar kein Herz? Wo du deinen Mann
so vor dir siehst!

LUCY Meinen Mann! Du Untier! Du glaubst also, ich wisse
nichts von der Geschichte mit Fräulein Peachum! Ich könnte
dir die Augen auskratzen!

MAC Lucy, im Ernst, du bist doch nicht so töricht und bist
eifersüchtig auf Polly?

LUCY Bist du denn nicht mit ihr verheiratet, du Bestie?

MAC Verheiratet! Das ist gut. Ich verkehre in diesem Haus. Ich
rede mit ihr. Ich gebe ihr mal hin und wieder eine Art Kuß,
und jetzt läuft das alberne Frauenzimmer herum und po-
saunt überall aus, sie sei mit mir verheiratet. Liebe Lucy,
ich bin ja bereit, alles zu deiner Beruhigung zu tun; wenn du

glaubst, du findest sie in einer Heirat mit mir – gut. Was kann ein Gentleman mehr sagen? Er kann nicht mehr sagen.

LUCY Oh, Mac, ich will doch nur eine anständige Frau werden.

MAC Wenn du glaubst, das wirst du durch eine Heirat mit mir – gut. Was kann ein Gentleman mehr sagen? Er kann nicht mehr sagen!

Auftritt Polly.

POLLY Wo ist mein Mann? Oh, Mac, da bist du ja. Schau doch nicht weg, du brauchst dich nicht zu schämen vor mir. Ich bin doch deine Frau.

LUCY Oh, du gemeiner Schuft!

POLLY Oh, Mackie im Kerker! Warum bist du nicht über das Moor von Highgate geritten? Du hast mir gesagt, daß du nicht mehr zu den Frauen gehst. Ich habe gewußt, was sie dir antun würden; aber ich habe dir nichts gesagt, weil ich dir glaubte. Mac, ich bleibe bei dir, bis in den Tod. – Kein Wort, Mac? Kein Blick? Oh, Mac, denk doch, was deine Polly leidet, wenn sie dich so vor sich sieht.

LUCY Ach, die Schlampe.

POLLY Was heißt das, Mac, wer ist das überhaupt? So sag ihr wenigstens, wer ich bin. Sage ihr, bitte, daß ich deine Frau bin. Bin ich nicht deine Frau? Sieh mich mal an, bin ich nicht deine Frau?

LUCY Hinterhältiger Lump, du, hast du zwei Frauen, du Ungeheuer?

POLLY Sag, Mac, bin ich nicht deine Frau? Hab ich nicht für dich alles getan? Ich bin unschuldig in den Stand der Ehe getreten, das weißt du. Du hast mir doch auch die Platte übergeben, und ich habe doch alles so gemacht, wie wir's besprochen haben, und ich soll das auch von Jakob bestellen, daß er ...

MAC Wenn ihr nur zwei Minuten eure Klappe halten könntet, wäre alles aufgeklärt.

LUCY Nein, ich will nicht meine Klappe halten, ich kann es

nicht ertragen. Jemand aus Fleisch und Blut kann so was nicht ertragen.

POLLY Ja, meine Liebe, natürlich hat da die Frau . . .

LUCY Die Frau!!

POLLY . . . die Frau einen gewissen natürlichen Vorrang. Leider, meine Liebe, zum mindesten nach außen hin. Der Mensch muß ja ganz verrückt werden von soviel Scherereien.

LUCY Scherereien, das ist gut. Was hast du dir denn da ausgesucht? Dieses dreckige Früchtchen! Das ist also deine große Eroberung! Das ist also deine Schönheit von Soho!

Songbeleuchtung: goldenes Licht. Die Orgel wird illuminiert. An einer Stange kommen von oben drei Lampen herunter, und auf den Tafeln steht:

DAS EIFERSUCHTSDUETT

1

LUCY

Komm heraus, du Schönheit von Soho!
Zeig doch mir mal deine hübschen Beine!
Ich möchte auch mal was Schönes sehen
Denn so schön wie du gibt es doch keine!
Du sollst ja auf meinen Mac solch einen Eindruck machen!

POLLY

Soll ich das, soll ich das?

LUCY

Na, da muß ich aber wirklich lachen.

POLLY

Mußt du das, mußt du das?

LUCY

Ha, das wäre ja gelacht!

POLLY

So, das wär also gelacht?

LUCY

Wenn sich Mac aus dir was macht!

POLLY

Wenn sich Mac aus mir was macht?

LUCY

Ha, ha, ha! Mit so einer
Befaßt sich sowieso keiner.

POLLY

Na, das werden wir ja sehn.

LUCY

Ja, das werden wir ja sehn.

BEIDE

Mackie und ich, wir lebten wie die Tauben
Er liebt nur mich, das laß ich mir nicht rauben.
Da muß ich schon so frei sein
Das kann doch nicht vorbei sein
Wenn da so 'n Mistvieh auftaucht!
Lächerlich!

2

POLLY

Ach, man nennt mich Schönheit von Soho
Und man sagt, ich hab so schöne Beine.

LUCY

Meinst du die?

POLLY

Man will ja auch mal was Hübsches sehen
Und man sagt, so hübsch gibt es nur eine.

LUCY

Du Dreckhaufen!

POLLY

Selber Dreckhaufen!
Ich soll ja auf meinen Mann so einen Eindruck machen.

LUCY

Sollst du das? Sollst du das?

POLLY

Ja, da kann ich eben wirklich lachen.

LUCY

Kannst du das? Kannst du das?

POLLY

Und das wär ja auch gelacht!

LUCY

Ach, das wär ja auch gelacht?

POLLY

Wenn sich wer aus mir nichts macht.

LUCY

Wenn sich wer aus dir nichts macht!

POLLY *zum Publikum:*

Meinen Sie das auch: mit so einer
Befaßt sich sowieso keiner?

LUCY

Na, das werden wir ja sehn.

POLLY

Ja, das werden wir ja sehn.

BEIDE

Mackie und ich, wir lebten wie die Tauben
Er liebt nur mich, das laß ich mir nicht rauben.
Da muß ich schon so frei sein
Das kann doch nicht vorbei sein
Wenn da so 'n Miststück auftaucht!
Lächerlich!

MAC Also, liebe Lucy, beruhige dich, ja? Es ist doch ganz einfach ein Trick von Polly. Sie will mich gern mit dir auseinanderbringen. Mich hängt man, und sie möchte gern als meine Witwe herumlaufen. Wirklich, Polly, dies ist doch nicht der richtige Augenblick.

POLLY Du hast das Herz, mich zu verleugnen?

MAC Und du hast das Herz, mich weiter zu beschwatzen, daß

ich verheiratet bin? Warum, Polly, mußt du mein Elend vergrößern? *Schüttelt tadelnd den Kopf.* Polly, Polly!

LUCY Tatsächlich, Fräulein Peachum, Sie stellen sich nur selber bloß. Ganz abgesehen davon, ist es ungeheuerlich von Ihnen, einen Herrn in dieser Lage so aufzuregen!

POLLY Die einfachsten Regeln des Anstandes, verehrtes Fräulein, sollten Sie, denke ich, lehren, daß man einem Mann in Gegenwart seiner Frau mit etwas mehr Zurückhaltung begegnet.

MAC Im Ernst, Polly, das heißt wirklich den Spaß zu weit getrieben.

LUCY Und wenn Sie, verehrte Dame, hier im Gefängnis einen Krakeel anfangen wollen, dann sehe ich mich gezwungen, den Wärter holen zu lassen, daß er Ihnen zeigt, wo die Tür ist. Es tut mir leid, gnädiges Fräulein.

POLLY Frau! Frau! Frau! Gestatten Sie mir, Ihnen noch dies zu sagen: gnädiges Fräulein, diese Airs, die Sie sich geben, stehen Ihnen sehr schlecht. Meine Pflicht zwingt mich, bei meinem Gatten zu bleiben.

LUCY Was sagst du da? Was sagst du? Ach, sie will nicht gehen! Sie steht da und wird hinausgeschmissen und geht nicht! Soll ich noch deutlicher werden?

POLLY Du – jetzt hältst du aber deinen dreckigen Mund, du Fetzen, sonst hau ich dir eine in die Fresse, gnädiges Fräulein!

LUCY Hinausgeschmissen bist du, du aufdringliche Person! Mit dir muß man deutlich werden. Die feinere Art verstehst du nicht.

POLLY Deine feinere Art! Oh, ich vergebe mir ja nur meine Würde! Da bin ich mir doch zu gut ... allerdings. *Sie heult.*

LUCY So schau dir doch meinen Bauch an, du Schlampe! Kriegt man das von der frischen Luft? Gehen dir noch nicht die Augen auf, he?

POLLY Ach so! Hops bist du! Darauf bildest du dir wohl noch

etwas ein? Hättest du ihn nicht heraufgelassen, du feine
Dame!

MAC Polly!

POLLY *weinend:* Das ist wirklich zuviel. Mac, das hätte nicht
kommen dürfen. Ich weiß ja gar nicht mehr, was ich machen
soll. *Auftritt Frau Peachum.*

FRAU PEACHUM Ich wußte es. Bei ihrem Kerl ist sie. Du Dreck-
schlampe, komm sofort her. Wenn dein Kerl aufgehängt
ist, kannst du dich dazu aufhängen. Das tust du deiner ehr-
würdigen Mutter an, daß sie dich aus dem Gefängnis her-
ausholen muß. Und gleich zwei hat er dabei – dieser Nero!

POLLY Laß mich da, bitte, Mama; du weißt ja nicht . . .

FRAU PEACHUM Nach Hause, aber sofort.

LUCY Da hören Sie es, Ihre Mama muß Ihnen sagen, was sich
schickt.

FRAU PEACHUM Marsch.

POLLY Gleich. Ich muß nur noch . . . ich muß ihm doch noch
etwas sagen . . . Wirklich . . . Weißt du, das ist sehr wichtig.

FRAU PEACHUM *gibt ihr eine Ohrfeige:* So, das ist auch wichtig.
Marsch!

POLLY O Mac! *Wird abgeschleppt.*

MAC Lucy, du hast dich prachtvoll benommen. Ich hatte
natürlich Mitleid mit ihr. Deshalb konnte ich das Frauenzimmer schon nicht so behandeln, wie sie es verdient. Du
dachtest ja zuerst, es wäre etwas Wahres an dem, was sie
sagte. Hab ich recht?

LUCY Ja, das dachte ich, Liebster.

MAC Wenn etwas dran wäre, würde mich ihre Mutter doch
nicht in diese Lage gebracht haben. Hast du gehört, wie sie
über mich herzog? So behandelt man doch als Mutter höchstens einen Verführer und nicht einen Schwiegersohn.

LUCY Wie glücklich bin ich, wenn du dies so aus Herzensgrund
sagst. Ich liebe dich ja so sehr, daß ich dich fast lieber am
Galgen sehe als in den Armen einer anderen. Ist das nicht
merkwürdig?

66

MAC Lucy, dir möchte ich mein Leben verdanken.

LUCY Das ist wundervoll, wie du das sagst, sag es noch mal.

MAC Lucy, dir möchte ich mein Leben verdanken.

LUCY Soll ich mit dir fliehen, Liebster?

MAC Ja, nur weißt du, wenn wir zusammen fliehen, können wir uns schwer verstecken. Sobald man mit der Sucherei aufhört, werde ich dich sofort holen lassen, und zwar per Eilpost, das kannst du dir denken!

LUCY Wie soll ich dir helfen?

MAC Bring Hut und Stock!

Lucy kommt zurück mit Hut und Stock und wirft sie ihm in seine Zelle.

MAC Lucy, die Frucht unserer Liebe, die du unter deinem Herzen trägst, wird uns für ewig aneinanderketten.

Lucy ab.

SMITH *tritt auf, geht in den Käfig und sagt zu Mac:* Geben Sie mal den Stock her.

Nach einer kleinen Jagd durch Smith, der mit einem Stuhl und einer Brechstange Mac herumtreibt, springt Mac über das Gitter. Konstabler setzen ihm nach. Auftritt Brown.

BROWN *(Stimme):* Hallo, Mac! – Mac, bitte, antworte, hier ist Jackie. Mac, bitte, sei so gut und antworte, ich kann es nicht mehr aushalten. *Herein.* Mackie! Was ist das? Nun ist er fort, Gott sei Dank! *Er setzt sich auf die Pritsche.*

Auftritt Peachum.

PEACHUM *zu Smith:* Mein Name ist Peachum. Ich komme mir die vierzig Pfund abholen, die für die Dingfestmachung des Banditen Macheath ausgesetzt sind. *Erscheint vor dem Käfig.* Hallo! Ist das Herr Macheath? *Brown schweigt.* Ach, so! Ach, der andere Herr ist wohl auf dem Bummel gegangen? Ich komme da herein, einen Verbrecher zu besuchen, und wer sitzt da: der Herr Brown! Tiger-Brown sitzt da, und sein Freund Macheath sitzt nicht da.

BROWN *stöhnend:* O Herr Peachum, es ist nicht meine Schuld.

PEACHUM Sicher nicht, wieso denn, Sie selber werden doch

nicht ... wo Sie sich dadurch in eine solche Lage bringen werden ... unmöglich, Brown.

BROWN Herr Peachum, ich bin außer mir.

PEACHUM Das glaube ich. Scheußlich müssen Sie sich fühlen.

BROWN Ja, dieses Gefühl der Ohnmacht ist es, was einen so lähmt. Die Kerls machen ja, was sie wollen. Es ist schrecklich, schrecklich.

PEACHUM Wollen Sie sich nicht ein wenig legen? Sie schließen einfach die Augen und tun, als sei nichts gewesen. Denken Sie, Sie sind auf einer hübschen grünen Wiese mit weißen Wölkchen darüber, und die Hauptsache, daß Sie sich diese greulichen Dinge da aus dem Kopf schlagen. Die gewesenen und vor allem die, die noch kommen werden.

BROWN *beunruhigt:* Was meinen Sie damit?

PEACHUM Sie halten sich wunderbar. Ich würde in Ihrer Lage einfach zusammenbrechen, ins Bett kriechen und heißen Tee trinken. Und vor allem zusehen, daß mir jemand irgendeine Hand auf die Stirne legt.

BROWN Zum Teufel, ich kann doch nichts dafür, wenn der Kerl entweicht. Die Polizei kann da nichts machen.

PEACHUM So, die Polizei kann da nichts machen? Sie glauben nicht, daß wir Herrn Macheath hier wiedersehen werden? *Brown zuckt mit den Achseln.* Dann ist es scheußlich ungerecht, was mit Ihnen geschehen wird. Jetzt wird man natürlich wieder sagen, die Polizei hätte ihn nicht laufen lassen dürfen. Ja, den strahlenden Krönungszug, den sehe ich ja noch nicht.

BROWN Was soll das heißen?

PEACHUM Ich darf Sie da wohl an einen historischen Vorfall erinnern, der, obwohl er seinerzeit, im Jahre vierzehnhundert vor Christi, großes Aufsehen erregte, doch heute weiteren Kreisen unbekannt ist. Als der ägyptische König Ramses der Zweite gestorben war, ließ sich der Polizeihauptmann von Ninive, beziehungsweise Kairo, irgendeine Kleinigkeit gegen die untersten Schichten der Bevölkerung zuschulden kommen. Die Folgen waren schon damals furchtbar. Der Krönungszug der Thronfolgerin Semiramis wurde, wie es in den Geschichtsbüchern heißt, »durch die allzu lebhafte Beteiligung der untersten Schichten der Bevölkerung zu einer Kette von Katastrophen«. Die Historiker sind außer sich vor Entsetzen, wie furchtbar sich Semiramis ihrem Polizeihauptmann gegenüber benahm. Ich erinnere mich nur dunkel, aber es war die Rede von Schlangen, die sie an seinem Busen nährte.

BROWN Wirklich?

PEACHUM Der Herr sei mit Ihnen, Brown. *Ab.*

BROWN Jetzt kann nur mehr die eiserne Faust helfen, Sergeanten, zur Konferenz, Alarm!

Vorhang. Macheath und Spelunken-Jenny treten vor den Vorhang und singen bei Songbeleuchtung.

Zweites Dreigroschen-Finale

DENN WOVON LEBT DER MENSCH?

1

MAC

Ihr Herrn, die ihr uns lehrt, wie man brav leben
Und Sünd und Missetat vermeiden kann
Zuerst müßt ihr uns was zu fressen geben
Dann könnt ihr reden: damit fängt es an.
Ihr, die ihr euren Wanst und unsre Bravheit liebt
Das eine wisset ein für allemal:
Wie ihr es immer dreht und wie ihr's immer schiebt
Erst kommt das Fressen, dann kommt die Moral.
Erst muß es möglich sein auch armen Leuten
Vom großen Brotlaib sich ihr Teil zu schneiden.

STIMME *hinter der Szene:*

Denn wovon lebt der Mensch?

MAC

Denn wovon lebt der Mensch? Indem er stündlich
Den Menschen peinigt, auszieht, anfällt, abwürgt und frißt.
Nur dadurch lebt der Mensch, daß er so gründlich
Vergessen kann, daß er ein Mensch doch ist.

CHOR

Ihr Herren, bildet euch nur da nichts ein:
Der Mensch lebt nur von Missetat allein!

2

JENNY

Ihr lehrt uns, wann ein Weib die Röcke heben
Und ihre Augen einwärts drehen kann.
Zuerst müßt ihr uns was zu fressen geben
Dann könnt ihr reden: damit fängt es an.
Ihr, die auf unsrer Scham und eurer Lust besteht
Das eine wisset ein für allemal:
Wie ihr es immer schiebt und wie ihr's immer dreht
Erst kommt das Fressen, dann kommt die Moral.
Erst muß es möglich sein auch armen Leuten
Vom großen Brotlaib sich ihr Teil zu schneiden.

STIMME *hinter der Szene:*

Denn wovon lebt der Mensch?

JENNY

Denn wovon lebt der Mensch? Indem er stündlich
Den Menschen peinigt, auszieht, anfällt, abwürgt und frißt.
Nur dadurch lebt der Mensch, daß er so gründlich
Vergessen kann, daß er ein Mensch doch ist.

CHOR

Ihr Herren, bildet euch nur da nichts ein:
Der Mensch lebt nur von Missetat allein!

Dritter Akt

7

IN DERSELBEN NACHT RÜSTET PEACHUM ZUM AUFBRUCH. DURCH EINE DEMONSTRATION DES ELENDS BEABSICHTIGT ER, DEN KRÖNUNGSZUG ZU STÖREN.

Peachums Bettlergarderoben

Die Bettler bemalen Täfelchen mit Aufschriften wie »Mein Auge gab ich dem König« und so weiter.

PEACHUM Meine Herren, in dieser Stunde arbeiten in unseren elf Filialen von Drury Lane bis Turnbridge eintausendvierhundertzweiunddreißig Herren an solchen Täfelchen wie Sie, um der Krönung unserer Königin beizuwohnen.

FRAU PEACHUM Vorwärts, vorwärts! Wenn ihr nicht arbeiten wollt, könnt ihr nicht betteln. Du willst ein Blinder sein und kannst nicht einmal ein richtiges K machen? Das soll 'ne Kinderhandschrift sein, das ist ja ein alter Mann.

Trommelwirbel.

BETTLER Jetzt tritt die Krönungswache unter das Gewehr, die werden auch noch nicht ahnen, daß sie es heute, an dem schönsten Tag ihres Militärlebens, mit uns zu tun haben werden.

FILCH *herein, meldet:* Da kommt ein Dutzend übernächtiger Hühner angetrippelt, Frau Peachum. Sie behaupten, sie kriegen hier Geld.

Auftreten die Huren.

JENNY Gnädige Frau ...

FRAU PEACHUM Na, ihr seht ja aus wie von der Stange gefallen. Ihr kommt wohl wegen dem Geld für euren Macheath? Also, ihr bekommt gar nichts, versteht ihr, gar nichts.

JENNY Wie dürfen wir das verstehen, gnädige Frau?

FRAU PEACHUM Mir auf die Bude zu rücken mitten in der
Nacht! Drei Uhr früh in ein anständiges Haus zu kommen!
Ihr solltet euch lieber ausschlafen von eurem Gewerbe. Aus-
sehen tut ihr wie gespiene Milch.

JENNY So, wir können also unser kontraktliches Honorar dafür, daß wir Herrn Macheath dingfest gemacht haben, nicht
bekommen, gnädige Frau?

FRAU PEACHUM Ganz richtig, einen Dreck bekommt ihr und
keinen Judaslohn.

JENNY Und warum, gnädige Frau?

FRAU PEACHUM Weil dieser saubere Herr Macheath wieder in
alle Winde verstreut ist. Darum. Und jetzt marsch aus
meiner guten Stube, meine Damen.

JENNY Also, das ist doch die Höhe. Machen Sie das nur nicht
mit uns. Das möchte ich Ihnen gesagt haben. Mit uns nicht.

FRAU PEACHUM Filch, die Damen wünschen hinausgeführt zu
werden.

Filch geht auf die Damen zu, Jenny stößt ihn fort.

JENNY Ich möchte Sie doch bitten, Ihre dreckige Fresse zu
halten, sonst könnte es passieren, daß . . .

Auftritt Peachum.

PEACHUM Was ist denn los, du hast ihnen doch hoffentlich kein
Geld gegeben, na, wie ist's, meine Damen? Sitzt der Herr
Macheath oder sitzt er nicht?

JENNY Lassen Sie mich mit Ihrem Herrn Macheath in Ruhe.
Dem können Sie nicht das Wasser reichen. Ich habe heute
nacht einen Herrn weggehen lassen müssen, weil ich in die
Kissen weinte, als ich daran denken mußte, daß ich diesen
Gentleman an Sie verkauft habe. Ja, meine Damen, und
was glauben Sie, was heute morgen geschah? Vor noch nicht
einer Stunde, ich hatte mich eben in den Schlaf geweint, pfiff

es, und auf der Straße stand eben dieser Herr, um den ich geweint hatte, und wünschte, daß ich ihm den Schlüssel herunterwerfe. In meinen Armen wollte er mich die Unbill vergessen machen, die ich ihm zugefügt habe. Das ist der letzte Gentleman in London, meine Damen. Und wenn unsere Kollegin Suky Tawdry jetzt hier nicht mitgekommen ist, dann ist es, weil er von mir noch zu ihr ging, um auch sie zu trösten.

PEACHUM *vor sich hin:* Suky Tawdry ...

JENNY So, jetzt wissen Sie, daß Sie diesem Herrn nicht das Wasser reichen können. Sie niedriger Spitzel.

PEACHUM Filch, lauf schnell zum nächsten Polizeiposten, Herr Macheath weilen bei Fräulein Suky Tawdry. *Filch ab.* Aber, meine Damen, warum streiten wir? Das Geld wird gezahlt werden, selbstverständlich. Liebe Celia, du solltest lieber gehen und für die Damen Kaffee kochen, als daß du sie hier anpöbelst.

FRAU PEACHUM *im Abgehen:* Suky Tawdry! *Sie singt die dritte Strophe der »Ballade von der sexuellen Hörigkeit«:*

Da steht nun einer fast schon unterm Galgen
Der Kalk ist schon gekauft, ihn einzukalken
Sein Leben hängt an einem brüchigen Fädchen
Und was hat er im Kopf, der Bursche? Mädchen.
Schon unterm Galgen, ist er noch bereit.
Das ist die sexuelle Hörigkeit.
    Er ist schon sowieso verkauft mit Haut und Haar
    Er hat in ihrer Hand den Judaslohn gesehn
    Und sogar er beginnt nun zu verstehn
    Daß ihm des Weibes Loch das Grabloch war.
    Und er mag wüten gegen sich und toben –
    Bevor es Nacht wird, liegt er wieder droben.

PEACHUM Vorwärts, vorwärts, ihr würdet einfach in den Kloaken von Turnbridge verkommen, wenn ich nicht in meinen schlaflosen Nächten herausgebracht hätte, wie man aus eurer Armut einen Penny herausziehen kann. Aber ich habe herausgebracht, daß die Besitzenden der Erde das Elend zwar anstiften können, aber sehen können sie das Elend nicht. Denn es sind Schwächlinge und Dummköpfe, genau wie ihr. Wenn sie gleich zu fressen haben bis zum Ende ihrer Tage und ihren Fußboden mit Butter einschmieren können, daß auch die Brosamen, die von den Tischen fallen, noch fett werden, so können sie doch nicht mit Gleichmut einen Mann sehen, der vor Hunger umfällt, freilich muß es vor ihrem Haus sein, daß er umfällt.

Auftritt Frau Peachum mit einem Tablett voll Kaffeetassen.

FRAU PEACHUM Sie können morgen am Geschäft vorbeikommen und sich Ihr Geld holen, aber nach der Krönung.

JENNY Frau Peachum, Sie sehen mich sprachlos.

PEACHUM Antreten, wir versammeln uns in einer Stunde vorm Buckingham-Palast. Marsch. *Antreten der Bettler.*

FILCH *stürzt herein:* Polente! Bis zur Wache bin ich gar nicht gekommen. Die Polizei ist schon da!

PEACHUM Versteckt euch! *Zu Frau Peachum:* Stell die Kapelle zusammen, vorwärts. Und wenn du mich sagen hörst harmlos, verstehst du mich: h a r m l o s ...

FRAU PEACHUM Harmlos? Ich verstehe gar nichts.

PEACHUM Selbstverständlich verstehst du gar nichts. Also, wenn ich sage h a r m l o s ... *Es klopft an die Tür.* Gott sei Dank, da ist ja das Schlüsselchen, h a r m l o s , dann spielt ihr irgendeine Art von Musik. Los!

Frau Peachum mit Bettlern ab. Die Bettler, bis auf das Mädchen mit der Tafel »Ein Opfer militärischer Willkür«, verstecken sich mit ihren Sachen hinten rechts hinter der Kleiderstange. Auftreten Brown und Konstabler.

BROWN So, und jetzt wird durchgegriffen, Herr Bettlers Freund. Gleich mal in Ketten legen, Smith. Ach, da sind ja einige von den reizenden Tafeln. *Zum Mädchen:* »Ein Opfer militärischer Willkür« – sind Sie das?

PEACHUM Guten Morgen, Brown, guten Morgen, gut geschlafen?

BROWN He?

PEACHUM Morgen, Brown.

BROWN Sagt er das zu mir? Kennt er einen von euch? Ich glaube nicht, daß ich das Vergnügen habe, dich zu kennen.

PEACHUM So, nicht? Morgen, Brown.

BROWN Hauen Sie ihm den Hut vom Kopf.

Smith tut es.

PEACHUM Sehen Sie, Brown, nun Sie mal Ihr Weg v o r b e i - führt, ich sage v o r b e i, Brown, da kann ich Sie ja gleich darum bitten, einen gewissen Macheath endlich hinter Schloß und Riegel zu bringen.

BROWN Der Mann ist verrückt. Lachen Sie nicht, Smith. Sagen Sie mal, Smith, wie ist es möglich, daß dieser notorische Verbrecher in London frei herumläuft?

PEACHUM Weil er Ihr Freund ist, Brown.

BROWN Wer?

PEACHUM Mackie Messer. Ich doch nicht. Ich bin doch kein Verbrecher. Ich bin doch ein armer Mensch, Brown. Mich können Sie doch nicht schlecht behandeln. Brown, Sie stehen doch vor der schlimmsten Stunde Ihres Lebens, möchten Sie Kaffee? *Zu den Huren:* Kinder, gebt doch mal dem Herrn Polizeichef einen Schluck ab, ist doch kein Benehmen. Vertragen wir uns doch alle. Wir halten uns doch alle an das Gesetz! Das Gesetz ist einzig und allein gemacht zur Ausbeutung derer, die es nicht verstehen oder die es aus nackter Not nicht befolgen können. Und wer von dieser Ausbeutung seinen Brocken abbekommen will, muß sich streng an das Gesetz halten.

BROWN So, Sie halten also unsere Richter für bestechlich!

PEACHUM Im Gegenteil, Herr, im Gegenteil! Unsere Richter sind ganz und gar unbestechlich: mit keiner Geldsumme können sie dazu bestochen werden, Recht zu sprechen!

Zweites Trommelzeichen.

PEACHUM Abmarsch der Truppen zur Spalierbildung. Der Abmarsch der Ärmsten der Armen eine halbe Stunde später.

BROWN Ja, ganz recht, Herr Peachum. Abmarsch der Ärmsten der Armen in einer halben Stunde nach Old Bailey ins Gefängnis, in die Winterquartiere. *Zu den Konstablern:* So, Jungens, nun sammelt mal da ein, was da ist. Alles einsammeln, was ihr an Patrioten hier vorfindet. *Zu den Bettlern:* Habt ihr schon mal was vom Tiger-Brown gehört? Diese Nacht, Peachum, habe ich nämlich die Lösung gefunden und, ich darf wohl sagen, einen Freund aus Todesnot errettet. Ich räuchere einfach Ihr ganzes Nest aus. Und sperre alles ein wegen – ja, wegen was wohl? Wegen Straßenbettel. Sie schienen mir doch anzudeuten, daß Sie mir und der Königin an diesem Tage die Bettler auf den Hals schicken wollen. Und diese Bettler nehme ich mal fest. Da kannst du was lernen.

PEACHUM Sehr schön, nur – was für Bettler?

BROWN Na, diese Krüppel hier. Smith, wir nehmen die Herren Patrioten gleich mit.

PEACHUM Brown, ich kann Sie da vor einer Übereilung bewahren; Gott sei Dank, Brown, daß Sie da zu mir gekommen sind. Sehen Sie, Brown, diese paar Leute können Sie natürlich verhaften, die sind harmlos, h a r m l o s ...
Musik setzt ein, und zwar spielt sie einige Takte von dem »Lied von der Unzulänglichkeit« voraus.

BROWN Was ist denn das?

PEACHUM Musik. Sie spielen eben, so gut sie können. Das Lied von der Unzulänglichkeit. Kennen Sie nicht? Da können Sie was lernen.

Songbeleuchtung: goldenes Licht. Die Orgel wird illuminiert. An einer Stange kommen von oben drei Lampen herunter, und auf den Tafeln steht:

1

Der Mensch lebt durch den Kopf
Der Kopf reicht ihm nicht aus
Versuch es nur, von deinem Kopf
Lebt höchstens eine Laus.
    Denn für dieses Leben
    Ist der Mensch nicht schlau genug.
    Niemals merkt er eben
    Allen Lug und Trug.

2

Ja, mach nur einen Plan
Sei nur ein großes Licht!
Und mach dann noch 'nen zweiten Plan
Gehn tun sie beide nicht.
    Denn für dieses Leben
    Ist der Mensch nicht schlecht genug.
    Doch sein höh'res Streben
    Ist ein schöner Zug.

3

Ja, renn nur nach dem Glück
Doch renne nicht zu sehr!
Denn alle rennen nach dem Glück
Das Glück rennt hinterher.
    Denn für dieses Leben
    Ist der Mensch nicht anspruchslos genug
    Drum ist all sein Streben
    Nur ein Selbstbetrug.

PEACHUM Ihr Plan, Brown, war genial, aber undurchführbar. Was Sie hier festnehmen können, sind ein paar junge Leute, die aus Freude über die Krönung ihrer Königin einen kleinen Maskenball veranstalten. Wenn die richtigen Elenden kommen – hier ist kein einziger –, sehen Sie, da kommen doch Tausende. Das ist es: Sie haben die ungeheure Zahl der Armen vergessen. Wenn die da nun vor der Kirche stehen, das ist doch kein festlicher Anblick. Die Leute sehen doch nicht gut aus. Wissen Sie, was eine Gesichtsrose ist, Brown? Aber jetzt erst hundertzwanzig Gesichtsrosen? Die junge Königin sollte auf Rosen gebettet sein und nicht auf Gesichtsrosen. Und dann diese Verstümmelten am Kirchenportal. Das wollen wir doch vermeiden, Brown. Sie sagen wahrscheinlich, die Polizei wird mit uns armen Leuten fertig werden. Das glauben Sie ja selbst nicht. Aber wie wird es aussehen, wenn anläßlich der Krönung sechshundert arme Krüppel mit Knütteln niedergehauen werden müssen? Schlecht würde es aussehen. Ekelhaft sieht es aus. Zum Übelwerden ist es. Mir ist ganz schwach, Brown, wenn ich daran denke. Einen kleinen Stuhl, bitte.

BROWN *zu Smith:* Das ist eine Drohung. Sie, das ist eine Erpressung. Dem Mann kann man nichts anhaben, dem Mann kann man im Interesse der öffentlichen Ordnung gar nichts anhaben. Das ist noch nie vorgekommen.

PEACHUM Aber jetzt kommt es vor. Ich will Ihnen etwas sagen: der Königin von England gegenüber können Sie sich benehmen, wie Sie wollen. Aber dem ärmsten Mann Londons können Sie nicht auf die Zehen treten, sonst haben sie ausgebrownt, Herrn Brown.

BROWN Ich soll also Mackie Messer verhaften? Verhaften? Sie haben gut reden. Erst muß man einen Mann haben, bevor man ihn verhaften kann.

PEACHUM Wenn Sie mir das sagen, da kann ich nicht widersprechen. Dann werde also ich Ihnen den Mann besorgen; wir wollen doch sehen, ob es noch Moral gibt. Jenny, wo halten sich der Herr Macheath auf?

JENNY Oxford Street 21, bei Suky Tawdry.

BROWN Smith, geht sofort nach Oxford Street 21 zu Suky Tawdry, nehmt Macheath fest und bringt ihn nach Old Bailey. Ich muß inzwischen meine Galauniform anziehen. An diesem Tage muß ich mir meine Galauniform anziehen.

PEACHUM Brown, wenn er um sechs nicht hängt . . .

BROWN O Mac, es ging nicht. *Ab mit Konstablern.*

PEACHUM *nachrufend:* Haben Sie was gelernt, Brown!
Drittes Trommelzeichen.

PEACHUM Drittes Trommelzeichen. Umorientierung des Aufmarschplanes. Neue Richtung: die Gefängnisse von Old Bailey. Marsch.
Bettler ab.

PEACHUM *singt die vierte Strophe des »Liedes von der Unzulänglichkeit«:*
Der Mensch ist gar nicht gut
Drum hau ihn auf den Hut.
Hast du ihn auf den Hut gehaut
Dann wird er vielleicht gut.
    Denn für dieses Leben
    Ist der Mensch nicht gut genug
    Darum haut ihn eben
    Ruhig auf den Hut.

Vorhang. Vor dem Vorhang erscheint Jenny mit einem Leierkasten und singt den

SALOMON-SONG

1
Ihr saht den weisen Salomon
Ihr wißt, was aus ihm wurd!
Dem Mann war alles sonnenklar.
Er verfluchte die Stunde seiner Geburt

Und sah, daß alles eitel war.
Wie groß und weis war Salomon!
Und seht, da war es noch nicht Nacht
Da sah die Welt die Folgen schon:
Die Weisheit hatte ihn so weit gebracht –
Beneidenswert, wer frei davon!

2
Ihr saht die schöne Kleopatra
Ihr wißt, was aus ihr wurd!
Zwei Kaiser fielen ihr zum Raub.
Da hat sie sich zu Tod gehurt
Und welkte hin und wurde Staub.
Wie schön und groß war Babylon!
Und seht, da war es noch nicht Nacht
Da sah die Welt die Folgen schon:
Die Schönheit hatte sie so weit gebracht –
Beneidenswert, wer frei davon!

3
Ihr saht den kühnen Cäsar dann
Ihr wißt, was aus ihm wurd!
Der saß wie 'n Gott auf 'nem Altar
Und wurde ermordet, wie ihr erfuhrt
Und zwar, als er am größten war.
Wie schrie der laut: »Auch du, mein Sohn!«
Und seht, da war es noch nicht Nacht
Da sah die Welt die Folgen schon:
Die Kühnheit hatte ihn so weit gebracht –
Beneidenswert, wer frei davon!

4
Ihr kennt den wissensdurstigen Brecht
Ihr sangt ihn allesamt!
Dann hat er euch zu oft gefragt

Woher der Reichen Reichtum stammt
Da habt ihr ihn jäh aus dem Land gejagt.
Wie wissensdurstig war doch meiner Mutter Sohn!
Und seht, da war es noch nicht Nacht
Da sah die Welt die Folgen schon:
Sein Wissensdurst hat ihn so weit gebracht –
Beneidenswert, wer frei davon!

5
Und jetzt seht ihr den Herrn Macheath
Sein Kopf hängt an 'nem Haar!
Solang er folgte der Vernunft
Und raubte, was zu rauben war
War er ein Großer seiner Zunft.
Dann lief sein Herz mit ihm davon!
Und seht, jetzt ist es noch nicht Nacht
Da sieht die Welt die Folgen schon:
Die Sinnlichkeit hat ihn so weit gebracht –
Beneidenswert, wer frei davon!

8

KAMPF UM DAS EIGENTUM.[10]

Ein Mädchenzimmer in Old Bailey

Lucy.

SMITH *herein:* Gnädiges Fräulein, Frau Polly Macheath
möchte Sie sprechen.

LUCY Frau Macheath? Führ sie herein.
  Auftritt Polly.
POLLY Guten Tag, gnädige Frau. Gnädige Frau, guten Tag!
LUCY Bitte, Sie wünschen?
POLLY Erkennen Sie mich wieder?
LUCY Natürlich kenne ich Sie.
POLLY Ich komme heute, um Sie um Entschuldigung zu bitten
  für mein gestriges Benehmen.
LUCY Sehr interessant.
POLLY Ich habe eigentlich gar keine Entschuldigung für mein
  gestriges Benehmen, außer – mein eigenes Unglück.
LUCY Ja, ja.
POLLY Gnädige Frau, Sie müssen mich entschuldigen. Ich war
  sehr gereizt gestern durch Herrn Macheaths Benehmen. Er
  hätte uns doch wirklich nicht in eine solche Lage bringen
  dürfen, nicht wahr, das können Sie ihm auch sagen, wenn
  Sie ihn sehen.
LUCY Ich – ich – sehe ihn nicht.
POLLY Sie sehen ihn schon.
LUCY Ich sehe ihn nicht.
POLLY Entschuldigen Sie.
LUCY Er hat Sie doch sehr gern.
POLLY Ach nein, der liebt nur Sie, das weiß ich ganz genau.
LUCY Sehr liebenswürdig.
POLLY Aber, gnädige Frau, ein Mann hat immer Angst vor
  einer Frau, die ihn zu sehr liebt. Natürlich kommt es dann
  so, daß er die Frau vernachlässigt und meidet. Ich sah es auf
  den ersten Blick, daß er Ihnen in einer Weise verpflichtet ist,
  die ich natürlich nicht ahnen konnte.
LUCY Meinen Sie das eigentlich aufrichtig?
POLLY Natürlich, bestimmt, sehr aufrichtig, gnädige Frau. Ich
  bitte Sie.
LUCY Liebes Fräulein Polly, wir haben ihn beide zu sehr geliebt.

POLLY Vielleicht das. *Pause*. Und jetzt, gnädige Frau, ich will Ihnen erklären, wie alles kam. Vor zehn Tagen habe ich Herrn Macheath zum ersten Male im Tintenfisch-Hotel gesehen. Meine Mutter war auch dabei. Fünf Tage darauf, also ungefähr vorgestern, haben wir uns vermählt. Gestern habe ich erfahren, daß die Polizei ihn wegen mannigfacher Verbrechen sucht. Und heute weiß ich nicht, was kommen wird. Also noch vor zwölf Tagen, gnädige Frau, hätte ich mir nicht vorstellen können, daß ich überhaupt einem Manne verfallen könnte.

Pause.

LUCY Ich verstehe Sie, Fräulein Peachum.

POLLY Frau Macheath.

LUCY Frau Macheath.

POLLY Ich habe übrigens in den letzten Stunden sehr viel über diesen Menschen nachgedacht. Es ist nicht so einfach. Denn sehen Sie, mein Fräulein, um sein Benehmen, das er neulich Ihnen gegenüber an den Tag legte, muß ich Sie geradezu beneiden. Als ich ihn verlassen mußte, allerdings durch meine Mama gezwungen, zeigte er nicht die geringste Spur von Bedauern. Vielleicht hat er gar kein Herz und anstatt dessen einen Stein in der Brust. Was meinen Sie, Lucy?

LUCY Ja, liebes Fräulein – ich weiß allerdings nicht, ob die Schuld allein Herrn Macheath zuzumessen ist. Sie hätten in Ihren Kreisen bleiben sollen, liebes Fräulein.

POLLY Frau Macheath.

LUCY Frau Macheath.

POLLY Das ist ganz richtig – oder ich hätte wenigstens alles, wie mein Papa es immer schon wollte, auf eine geschäftliche Basis lenken sollen.

LUCY Sicher.

POLLY *weint:* Er ist doch mein einziges Eigentum.

LUCY Meine Liebe, das ist ein Unglück, das der klügsten Frau passieren kann. Aber Sie sind doch formell seine Frau, das kann Sie doch beruhigen. Ich kann es nicht mehr mit ansehen, Kind, wie deprimiert Sie sind. Wollen Sie eine Kleinigkeit zu sich nehmen?

POLLY Was?

LUCY Etwas essen!

POLLY O ja, bitte, eine Kleinigkeit essen. *Lucy geht ab. Polly für sich:* Ein großes Aas!

LUCY *kommt zurück mit Kaffee und Kuchen:* So, das wird genügen.

POLLY Sie machen sich zu viel Mühe, gnädige Frau. *Pause. Essen.* Ein schönes Bild haben Sie da von ihm. Wann hat er denn das gebracht?

LUCY Wieso gebracht?

POLLY *harmlos:* Ich meine, wann er es Ihnen da heraufgebracht hat.

LUCY Das hat er nie gebracht.

POLLY Hat er es Ihnen gleich direkt hier im Zimmer gegeben?

LUCY Hier war er nicht im Zimmer.

POLLY Ach so. Aber da wäre doch gar nichts dabei gewesen, nicht? Die Pfade des Schicksals sind schon furchtbar verschlungen.

LUCY Aber reden Sie doch nicht solchen Blödsinn andauernd. Sie wollen doch nur hier herumspionieren.

POLLY Nicht wahr, Sie wissen, wo er ist?

LUCY Ich? Wissen Sie es denn nicht?

POLLY Jetzt sagen Sie sofort, wo er ist.

LUCY Ich habe keine Ahnung.

POLLY Ah, Sie wissen also nicht, wo er ist. Ehrenwort?

LUCY Nein, ich weiß es nicht. Ja, wissen denn Sie's auch nicht?

POLLY Nein, das ist ungeheuer. *Polly lacht und Lucy weint.* Jetzt hat er zwei Verpflichtungen, und er ist weg.

LUCY Ich ertrage das nicht länger. Ach, Polly, es ist so schrecklich.

POLLY *fröhlich:* Ich freue mich ja so, daß ich zum Ende dieser Tragödie eine solche Freundin gefunden habe. Immerhin. Willst du noch was essen, noch etwas Kuchen?

LUCY Noch etwas! Ach, Polly, sei nicht so nett zu mir. Wirklich, ich verdiene es nicht. Ach, Polly, die Männer sind es nicht wert.

POLLY Natürlich sind es die Männer nicht wert, aber was soll man machen?

LUCY Nein! Jetzt mache ich reinen Tisch. Polly, wirst du's mir sehr übelnehmen?

POLLY Was?

LUCY Er ist nicht echt.

POLLY Wer?

LUCY Das da! *Sie deutet auf ihren Bauch.* Und alles wegen dieses Verbrechers.

POLLY *lacht:* Ach, das ist ja großartig! Ein Muff war das? Oh, du bist doch ein großes Aas! Du – willst du den Mackie? Ich schenk ihn dir. Nimm ihn dir, wenn du ihn findest! *Man hört Stimmen und Tritte im Flur.* Was ist das?

LUCY *am Fenster:* Mackie! Sie haben ihn wieder gefangen.

POLLY *sinkt zusammen:* Jetzt ist alles aus.

Auftritt Frau Peachum.

FRAU PEACHUM Ach, Polly, hier find ich dich. Zieh dich um, dein Mann wird gehängt. Das Witwenkleid hab ich mitgebracht. *Polly zieht sich aus und zieht das Witwenkleid an.* Du wirst bildschön aussehen als Witwe. Nun sei aber auch ein bißchen fröhlich.

9

FREITAG MORGEN, 5 UHR: MACKIE MESSER, DER ABERMALS ZU DEN HUREN GEGANGEN IST, IST ABERMALS VON HUREN VERRATEN WORDEN. ER WIRD NUNMEHR GEHÄNGT.

Todeszelle

Die Westminsterglocken läuten. Konstabler bringen Macheath gefesselt in den Kerker.

SMITH Hier herein mit ihm. Die Westminsterglocken läuten schon das erste Mal. Stellen Sie sich anständig hin, ich will nicht wissen, wovon Sie so einen kaputten Eindruck machen. Ich denke, Sie schämen sich. *Zu den Konstablern:* Wenn die Glocken von Westminster zum dritten Mal läuten, und das wird um sechs Uhr sein, müssen wir ihn gehängt haben. Bereitet alles vor.

EIN KONSTABLER Sämtliche Straßen von Newgate sind schon seit einer Viertelstunde so voll von allen Schichten der Bevölkerung, daß man überhaupt nicht mehr durchkommen kann.

SMITH Merkwürdig, wußten sie es denn schon?

KONSTABLER Wenn es so weitergeht, weiß es in einer Viertelstunde ganz London. Dann werden die Leute, die sonst zum Krönungszug gingen, alle hierherkommen. Und die Königin wird durch die leeren Straßen fahren müssen.

SMITH Darum müssen wir eben Dampf dahintersetzen. Wenn wir um sechs Uhr fertig sind, können die Leute noch bis sieben Uhr zurechtkommen zum Krönungszug. Marsch jetzt.

MAC Hallo, Smith, wieviel Uhr ist es?

SMITH Haben Sie keine Augen? Fünf Uhr vier.

MAC Fünf Uhr vier.

86

Als Smith eben die Zellentür von außen zuschließt, kommt Brown.

BROWN *Smith fragend, den Rücken zur Zelle:* Ist er drin?

SMITH Wollen Sie ihn sehen?

BROWN Nein, nein, nein, um Gottes willen, machen Sie nur alles allein. *Ab.*

MAC *plötzlich in unaufhaltsam leisem Redestrom:* Also, Smith, ich will gar nichts sagen, nichts von Bestechung, fürchten Sie nichts. Ich weiß alles. Wenn Sie sich bestechen ließen, müßten Sie zumindest außer Landes. Ja, das müßten Sie. Dazu müßten Sie so viel haben, daß Sie zeit Ihres Lebens ausgesorgt hätten. Tausend Pfund, was? Sagen Sie nichts! In zwanzig Minuten werde ich Ihnen sagen, ob Sie diese tausend Pfund heute mittag noch haben können. Ich rede nicht von Gefühlen. Gehen Sie raus und denken Sie scharf nach. Das Leben ist kurz und das Geld ist knapp. Und ich weiß überhaupt noch nicht, ob ich welches auftreibe. Aber lassen Sie herein zu mir, wer herein will.

SMITH *langsam:* Das ist ja Unsinn, Herr Macheath. *Ab.*

MAC *singt, leise und im schnellsten Tempo den »Ruf aus der Gruft«:*
Nun hört die Stimme, die um Mitleid ruft.
Macheath liegt hier nicht unterm Hagedorn
Nicht unter Buchen, nein, in einer Gruft!
Hierher verschlug ihn des Geschickes Zorn.
Gott geb, daß ihr sein letztes Wort noch hört!
Die dicksten Mauern schließen ihn jetzt ein!
Fragt ihr denn gar nicht, Freunde, wo er sei?
Ist er gestorben, kocht euch Eierwein.
Solang er aber lebt, steht ihm doch bei!
Wollt ihr, daß seine Marter ewig währt? [11]

Matthias und Jakob erscheinen im Gang. Sie wollen zu Macheath und werden von Smith angesprochen.

SMITH Nanu, Junge, du siehst ja aus wie ein ausgenommener Hering.

MATTHIAS Seit der Captn weg ist, muß ich unsere Damen schwängern, damit sie den Unzurechnungsfähigkeitsparagraphen bekommen! Man muß schon eine Roßnatur haben, um in diesem Geschäft durchzuhalten. Ich muß den Captn sprechen.

Beide gehen auf Mac zu.

MAC Fünf Uhr fünfundzwanzig. Ihr habt euch Zeit gelassen.

JAKOB Na, schließlich mußten wir . . .[12]

MAC Schließlich, schließlich, ich werde aufgehängt, Mensch! Aber ich habe ja gar keine Zeit, mich mit euch herumzugiften. Fünf Uhr achtundzwanzig. Also: wieviel könnt ihr sofort aus eurem Privatdepot ziehen?

MATTHIAS Aus unserem, früh um fünf?

JAKOB Ist es wirklich soweit?

MAC Vierhundert Pfund, ginge das?

JAKOB Ja, und wir? Das ist doch alles, was da ist.

MAC Werdet ihr gehängt oder ich?

MATTHIAS *erregt:* Liegen wir bei Suky Tawdry, anstatt uns dünnezumachen? Liegen wir bei Suky Tawdry oder du?

MAC Halt die Schnauze. Ich liege bald woanders als bei dieser Schlampe. Fünf Uhr dreißig.

JAKOB Na, da müssen wir es eben machen, Matthias.

SMITH Herr Brown läßt fragen, was Sie als - - mahlzeit haben wollen.

MAC Lassen Sie mich in Ruhe. *Zu Matthias:* Na, willst du oder willst du nicht? *Zu Smith:* Spargel.

MATTHIAS Anbrüllen lasse ich mich überhaupt nicht.

MAC Aber ich brülle dich doch gar nicht an. Das ist doch nur, weil . . . Also, Matthias, wirst du mich hängen lassen?

MATTHIAS Natürlich werde ich dich nicht hängen lassen. Wer sagt denn das? Aber es ist eben alles. Vierhundert Pfund ist eben alles, was da ist. Das wird man doch noch sagen dürfen.

MAC Fünf Uhr achtunddreißig.

JAKOB Na, dann aber Tempo, Matthias, sonst nützt es überhaupt nichts mehr.

MATTHIAS Wenn wir nur durchkommen, da ist ja alles voll.
Dieses Gesindel. *Beide ab.*

MAC Wenn ihr fünf Minuten vor sechs nicht da seid, dann seht
ihr mich nicht mehr. *Schreit:* Dann seht ihr mich nicht mehr...

SMITH Sind ja schon weg. Na, wie steht's? *Macht Gebärde des
Geldzählens.*

MAC Vierhundert. *Smith geht achselzuckend ab. Mac, nachrufend:* Ich muß Brown sprechen.

SMITH *kommt mit Konstablern:* Die Seife habt ihr?

KONSTABLER Aber nicht die richtige.

SMITH Ihr werdet doch in zehn Minuten das Ding aufstellen
können.

KONSTABLER Aber die Fußklappe funktioniert doch nicht.

SMITH Es muß gehen, es hat doch schon zum zweiten Mal ge-
läutet.

KONSTABLER Das ist ein Saustall.

MAC *singt:*
Jetzt kommt und seht, wie es ihm dreckig geht!
Jetzt ist er wirklich, was man pleite nennt.
Die ihr als oberste Autorität
Nur eure schmierigen Gelder anerkennt
Seht, daß er euch nicht in die Grube fährt!
Ihr müßtet gleich zur Königin und in Haufen
Und müßtet über ihn mit ihr jetzt sprechen
Wie Schweine eines hinterm andern laufen:
Ach, seine Zähne sind schon lang wie Rechen!
Wollt ihr, daß seine Marter ewig währt?

SMITH Ich kann Sie doch nicht hereinlassen. Sie haben erst
Nummer Sechzehn. Sie sind ja noch gar nicht dran.

POLLY Ach, was heißt das, Nummer Sechzehn. Sind Sie doch
kein Bürokrat. Ich bin die Frau, ich muß ihn sprechen.

SMITH Aber höchstens fünf Minuten.

POLLY Was heißt das, fünf Minuten! Das ist ja ganz unsinnig. Fünf Minuten! Das kann man doch nicht so sagen. Das ist doch nicht so einfach. Das ist doch ein Abschied für ewig. Da gibt es doch eminent viel zu sprechen zwischen Mann und Frau . . . Wo ist er denn?

SMITH Na, sehen Sie ihn denn nicht?

POLLY Ja natürlich. Ich danke schön.

MAC Polly!

POLLY Ja, Mackie, ich bin da.

MAC Ja natürlich!

POLLY Wie geht es dir denn? Bist du sehr kaputt? Es ist schwer!

MAC Ja, was wirst du denn jetzt überhaupt machen? Was wird denn aus dir?

POLLY Weißt du, unser Geschäft geht sehr gut. Das wäre das wenigste. Mackie, bist du sehr nervös? . . . Was war denn eigentlich dein Vater? Du hast mir soviel noch gar nicht erzählt. Ich verstehe das gar nicht. Du warst doch immer ganz gesund eigentlich.

MAC Du, Polly, kannst du mir nicht heraushelfen?

POLLY Ja natürlich.

MAC Mit Geld natürlich. Ich habe da mit dem Aufseher . . .

POLLY *langsam:* Das Geld ist nach Manchester abgegangen.

MAC Und da hast du keins?

POLLY Nein, da habe ich nichts. Aber weißt du, Mackie, ich könnte zum Beispiel mit jemand reden . . . ich könnte sogar die Königin persönlich vielleicht fragen. *Sie bricht zusammen.* Oh, Mackie!

SMITH *Polly wegziehend:* Na, haben Sie jetzt Ihre tausend Pfund zusammen?

POLLY Alles Gute, Mackie, laß es dir gut gehen und vergiß mich nicht! *Ab.*

Smith und Konstabler bringen einen Tisch mit Spargel.

SMITH Sind die Spargel weich?

KONSTABLER Jawohl. *Ab.*

BROWN *erscheint und tritt zu Smith:* Smith, was will er von mir? Das ist gut, daß Sie mit dem Tisch auf mich gewartet haben. Wir wollen ihn gleich mit hineinnehmen, wenn wir zu ihm gehen, damit er sieht, was für eine Gesinnung wir gegen ihn haben. *Sie treten beide mit dem Tisch in die Zelle. Smith ab. Pause.* Hallo, Mac. Da sind die Spargel. Willst du nicht ein wenig zu dir nehmen?

MAC Bemühen Sie sich nicht, Herr Brown, es gibt andere Leute, die mir die letzten Ehren erweisen.[13]

BROWN Ach, Mackie!

MAC Ich bitte um die Abrechnung! Sie erlauben, daß ich währenddessen esse. Es ist schließlich mein letztes Essen. *Ißt.*

BROWN Mahlzeit. Ach, Mac, du triffst mich wie mit einem glühenden Eisen.

MAC Die Abrechnung, Herr, bitte, die Abrechnung. Keine Sentimentalitäten.

BROWN *zieht seufzend ein kleines Büchlein aus der Tasche:* Ich habe sie mitgebracht, Mac. Hier ist die Abrechnung vom letzten Halbjahr.

MAC *schneidend:* Ach, Sie sind nur gekommen, um Ihr Geld hier noch herauszuholen.

BROWN Aber du weißt doch, daß das nicht so ist . . .

MAC Bitte, Sie sollen nicht zu kurz kommen. Was schulde ich Ihnen? Aber bitte, legen Sie spezifizierte Rechnung ab. Das Leben hat mich mißtrauisch gemacht . . . Gerade Sie werden das am besten verstehen können.

BROWN Mac, wenn du so sprichst, kann ich gar nichts denken. *Man hört hinten schweres Klopfen.*

SMITH *(Stimme):* So, das hält.

MAC Die Abrechnung, Brown.

BROWN Also bitte – wenn du durchaus willst, da sind also erstens die Summen für die Ergreifung von Mördern, die du oder deine Leute ermöglicht haben. Du hast von der Regierung ausbezahlt bekommen im ganzen . . .

MAC Für drei Fälle à vierzig Pfund, macht hundertzwanzig

Pfund. Ein Viertel für Sie würde also dreißig Pfund betragen, welche wir Ihnen also schulden.

BROWN Ja – ja – aber ich weiß wirklich nicht, Mac, ob wir die letzten Minuten . . .

MAC Bitte, lassen Sie doch dieses Gewäsch, ja? Dreißig Pfund. Und für den in Dover acht Pfund.

BROWN Wieso nur acht Pfund, da war doch . . .

MAC Glauben Sie mir oder glauben Sie mir nicht? Sie bekommen also aus den Abschlüssen des letzten halben Jahres achtunddreißig Pfund.

BROWN *laut aufweinend:* Ein ganzes Leben . . . habe ich dir . . .

BEIDE Alles von den Augen abgelesen.

MAC Drei Jahre in Indien – John war darunter und Jim war dabei –, fünf Jahre in London, und das ist der Dank. *Indem er andeutet, wie er als Gehängter aussehen wird:*

Hier hängt Macheath, der keine Laus gekränkt.
Ein falscher Freund hat ihn am Bein gekriegt.
An einen klafterlangen Strick gehängt
Spürt er am Hals, wie schwer sein Hintern wiegt.

BROWN Mac, wenn du mir so kommst . . . wer meine Ehre angreift, greift mich an. *Läuft wütend aus dem Käfig.*

MAC Deine Ehre . . .

BROWN Ja, meine Ehre. Smith, anfangen! Leute hereinlassen! *Zu Mac:* Entschuldige mich, bitte.

SMITH *rasch zu Macheath:* Jetzt kann ich Sie noch wegbringen, aber in einer Minute nicht mehr. Haben Sie das Geld zusammen?

MAC Ja, wenn die Jungens zurück sind.

SMITH Die sind nicht zu sehen. Also: erledigt.

Leute werden hereingelassen. Peachum, Frau Peachum, Polly, Lucy, die Huren, der Pfarrer, Matthias und Jakob.

JENNY Man hat uns nicht hereinlassen wollen. Aber ich habe ihnen gesagt: wenn ihr eure Dreckkübel von Köpfen nicht

92

wegtut, dann werdet ihr die Spelunken-Jenny schon kennen-
lernen.

PEACHUM Ich bin sein Schwiegervater. Bitte um Verzeihung,
welcher von den Anwesenden ist Herr Macheath?

MAC *stellt sich vor:* Macheath.

PEACHUM *vorbei am Käfig, stellt sich wie alle Nachfolgenden
rechts auf:* Das Geschick, Herr Macheath, hat es gefügt, daß
Sie, ohne daß ich Sie kenne, mein Schwiegersohn sind. Der
Umstand, der mich Sie zum ersten Mal sehen läßt, ist ein
sehr trauriger. Herr Macheath, Sie hatten einst weiße Glacé-
handschuhe, einen Stock mit einem Elfenbeingriff und eine
Narbe am Hals und verkehrten im Tintenfisch-Hotel.
Übriggeblieben ist Ihre Narbe, welche wohl den geringsten
Wert unter Ihren Kennzeichen besaß, und Sie verkehren nur
mehr in Käfigen und absehbar bald nirgends mehr . . .
Polly geht weinend am Käfig vorbei, stellt sich rechts auf.

MAC Was für ein hübsches Kleid du anhast.
*Matthias und Jakob kommen am Käfig vorbei, stellen sich
rechts auf.*

MATTHIAS Wir konnten nicht durchkommen, wegen des großen
Andrangs. Wir sind so gelaufen, daß ich für Jakob einen
Schlaganfall befürchten mußte. Wenn du uns nicht
glaubst . . .

MAC Was sagen meine Leute? Haben sie gute Plätze?

MATTHIAS Sehen Sie, Captn, wir dachten, Sie verstehen uns.
Sehen Sie, eine Krönung, das ist ja auch nicht alle Tage. Die
Leute müssen verdienen, wenn sie können. Sie lassen grüßen.

JAKOB Herzlichst!

FRAU PEACHUM *tritt an den Käfig heran, stellt sich rechts auf:*
Herr Macheath, wer hätte das gedacht, als wir damals vor
einer Woche im Tintenfisch-Hotel einen kleinen Step
tanzten.

MAC Ja, einen kleinen Step.

FRAU PEACHUM Aber die Geschicke hienieden sind grausam.

BROWN *hinten zum Pfarrer:* Und mit diesem Menschen habe

ich in Aserbaidshan Schulter an Schulter im heftigsten Feuer-
kampf gestanden.

JENNY *kommt an den Käfig:* Wir in Drury Lane sind ganz
außer uns. Kein Mensch ist zur Krönung gegangen. Alle
wollen dich sehen. *Stellt sich rechts auf.*

MAC Mich sehen.

SMITH Na, also los. Sechs Uhr. *Läßt ihn aus dem Käfig.*

MAC Wir wollen die Leute nicht warten lassen. Meine Damen
und Herren. Sie sehen den untergehenden Vertreter eines
untergehenden Standes. Wir kleinen bürgerlichen Hand-
werker, die wir mit dem biederen Brecheisen an den Nickel-
kassen der kleinen Ladenbesitzer arbeiten, werden von den
Großunternehmern verschlungen, hinter denen die Banken
stehen. Was ist ein Dietrich gegen eine Aktie? Was ist ein
Einbruch in eine Bank gegen die Gründung einer Bank? Was
ist die Ermordung eines Mannes gegen die Anstellung eines
Mannes? Mitbürger, hiermit verabschiede ich mich von euch.
Ich danke Ihnen, daß Sie gekommen sind. Einige von Ihnen
sind mir sehr nahegestanden. Daß Jenny mich angegeben
haben soll, erstaunt mich sehr. Es ist ein deutlicher Beweis
dafür, daß die Welt sich gleichbleibt. Das Zusammentreffen
einiger unglücklicher Umstände hat mich zu Fall gebracht.
Gut – ich falle.

*Songbeleuchtung: goldenes Licht. Die Orgel wird illumi-
niert. An einer Stange kommen von oben drei Lampen herunter, und auf den Tafeln steht:*

BALLADE, IN DER MACHEATH JEDERMANN ABBITTE LEISTET

Ihr Menschenbrüder, die ihr nach uns lebt
Laßt euer Herz nicht gegen uns verhärten
Und lacht nicht, wenn man uns zum Galgen hebt
Ein dummes Lachen hinter euren Bärten.

Und flucht auch nicht, und sind wir auch gefallen
Seid nicht auf uns erbost wie das Gericht:
Gesetzten Sinnes sind wir alle nicht –
Ihr Menschen, lasset allen Leichtsinn fallen
Ihr Menschen, laßt euch uns zur Lehre sein
Und bittet Gott, er möge mir verzeihn.

Der Regen wäscht uns ab und wäscht uns rein
Und wäscht das Fleisch, das wir zu gut genährt
Und die zuviel gesehn und mehr begehrt:
Die Augen hacken uns die Raben ein.
Wir haben wahrlich uns zu hoch verstiegen
Jetzt hängen wir hier wie aus Übermut
Zerpickt von einer gierigen Vögelbrut
Wie Pferdeäpfel, die am Wege liegen.
Ach Brüder, laßt euch uns zur Warnung sein
Und bittet Gott, er möge uns verzeihn.

Die Mädchen, die die Brüste zeigen
Um leichter Männer zu erwischen
Die Burschen, die nach ihnen äugen
Um ihren Sündenlohn zu fischen
Die Lumpen, Huren, Hurentreiber
Die Tagediebe, Vogelfrein
Die Mordgesellen, Abtrittsweiber
Ich bitte sie, mir zu verzeihn.

Nicht so die Polizistenhunde
Die jeden Abend, jeden Morgen
Nur Rinde gaben meinem Munde
Auch sonst verursacht Müh'n und Sorgen
Ich könnte sie ja jetzt verfluchen
Doch will ich heute nicht so sein:
Um weitere Händel nicht zu suchen
Bitt ich auch sie, mir zu verzeihn.

Man schlage ihnen ihre Fressen
Mit schweren Eisenhämmern ein.
Im übrigen will ich vergessen
Und bitte sie, mir zu verzeihn.

SMITH Bitte, Herr Macheath.
FRAU PEACHUM Polly und Lucy, steht eurem Manne bei in
seiner letzten Stunde.
MAC Meine Damen, was auch immer zwischen uns . . .
SMITH *führt ihn ab:* Vorwärts!

Gang zum Galgen

*Alle ab durch Türe links. Diese Türen sind in den Projektions-
flächen. Dann kommen auf der anderen Seite von der Bühne
alle mit Windlichtern wieder herein. Wenn Macheath oben auf
dem Galgen steht, spricht*

PEACHUM
Verehrtes Publikum, wir sind soweit
Und Herr Macheath wird aufgehängt
Denn in der ganzen Christenheit
Da wird dem Menschen nichts geschenkt.

Damit ihr aber nun nicht denkt
Das wird von uns auch mitgemacht
Wird Herr Macheath nicht aufgehängt
Sondern wir haben uns einen anderen Schluß ausgedacht.

Damit ihr wenigstens in der Oper seht
Wie einmal Gnade vor Recht ergeht.

Und darum wird, weil wir's gut mit euch meinen
Jetzt der reitende Bote des Königs erscheinen.

Auf den Tafeln steht:

Drittes Dreigroschen-Finale

AUFTAUCHEN DES REITENDEN BOTEN

CHOR
Horch, wer kommt!
Des Königs reitender Bote kommt!

Hoch zu Roß erscheint Brown als reitender Bote.

BROWN Anläßlich ihrer Krönung befiehlt die Königin, daß der
Captain Macheath sofort freigelassen wird. *Alle jubeln.*
Gleichzeitig wird er hiermit in den erblichen Adelsstand erhoben – *Jubel* – und ihm das Schloß Marmarel sowie eine
Rente von zehntausend Pfund bis zu seinem Lebensende
überreicht. Den anwesenden Brautpaaren läßt die Königin
ihre königlichen Glückwünsche übersenden.

MAC Gerettet, gerettet! Ja, ich fühle es, wo die Not am größten, ist die Hilfe am nächsten.

POLLY Gerettet, mein lieber Mackie ist gerettet. Ich bin sehr
glücklich.

FRAU PEACHUM So wendet alles sich am End zum Glück. So
leicht und friedlich wäre unser Leben, wenn die reitenden
Boten des Königs immer kämen.

PEACHUM Darum bleibt alle stehen, wo ihr steht, und singt
den Choral der Ärmsten der Armen, deren schwieriges
Leben ihr heute dargestellt habt, denn in Wirklichkeit ist

gerade ihr Ende schlimm. Die reitenden Boten des Königs kommen sehr selten, wenn die Getretenen widergetreten haben. Darum sollte man das Unrecht nicht zu sehr verfolgen.

ALLE *singen zur Orgel, nach vorn gehend:*

Verfolgt das Unrecht nicht zu sehr, in Bälde
Erfriert es schon von selbst, denn es ist kalt.
Bedenkt das Dunkel und die große Kälte
In diesem Tale, das von Jammer schallt.

Aus: »Anmerkungen zur ›Dreigroschenoper‹« [*]

WINKE FÜR SCHAUSPIELER [**]

Der Zuschauer soll nicht auf den Weg der Einfühlung verwiesen werden, was die Übermittlung des Stoffes betrifft, sondern zwischen dem Zuschauer und dem Schauspieler findet ein Verkehr statt, und bei aller Fremdheit und allem Abstand wendet der Schauspieler sich doch letzten Endes direkt an den Zuschauer. Dabei soll der Schauspieler dem Zuschauer über die Figur, die er darzustellen hat, mehr erzählen, als »in seiner Rolle steht«. Er muß natürlich jene Haltung einnehmen, durch die es sich der Vorgang bequem macht. Er muß jedoch auch noch Beziehungen zu anderen Vorgängen als denen der Fabel eingehen können, also nicht nur die Fabel bedienen. Die Polly ist etwa in einer Liebesszene mit Macheath nicht nur die Geliebte des Macheath, sondern auch die Tochter des Peachum; und immer nicht nur Tochter, sondern auch die Angestellte ihres Vaters. Ihre Beziehungen zum Zuschauer müssen beinhalten ihre Kritik der landläufigen Vorstellungen des Zuschauers über Räuberbräute und Kaufmannstöchter und so fort.

1 Die Schauspieler sollten es vermeiden, diese Banditen als eine Rotte jener traurigen Individuen mit roten Halstüchern hinzustellen, die die Rummelplätze beleben und mit denen kein anständiger Mensch ein Glas Bier trinken würde. Es sind natürlich gesetzte Männer, teilweise beleibt und ohne Ausnahme außerhalb ihres Berufes umgänglich. (Seite 18.)

---

[*] [Die übrigen Anmerkungen siehe »Schriften zum Theater«, Anmerkungen zu Stücken und Aufführungen.]
[**] Vgl. die »Anmerkungen zur Oper« [in »Schriften zum Theater«, Anmerkungen zu Stücken und Anmerkungen].

2 Die Schauspieler können hier die Nützlichkeit bürgerlicher Tugenden und die innige Beziehung zwischen Gemüt und Gaunerei zeigen. (Seite 18.)

3 Es ist zu zeigen, welche brutale Energie ein Mann aufwenden muß, um einen Zustand zu schaffen, in dem eine menschenwürdige Haltung (die eines Bräutigams) möglich ist. (Seite 20.)

4 Zu zeigen ist die Ausstellung der Braut, ihrer Fleischlichkeit, im Augenblick der endgültigen Reservierung. Zu dem Zeitpunkt nämlich, wo das Angebot aufzuhören hat, muß die Nachfrage noch einmal auf die Spitze getrieben werden. Die Braut wird allgemein begehrt, der Bräutigam »macht dann das Rennen«. Es handelt sich also um ein durchaus theatralisches Ereignis. Zu zeigen ist auch, daß die Braut sehr wenig ißt. Wie oft sieht man die zartesten Wesen ganze Hühner und Fische hineinschlingen, Bräute niemals. (Seite 23.)

5 Die Schauspieler brauchen sich bei dem Zeigen solcher Dinge wie des Peachumgeschäftes nicht allzusehr um den gewöhnlichen Fortgang der Handlung zu kümmern. Allerdings dürfen sie nicht ein Milieu, sondern müssen sie einen Vorgang geben. Der Darsteller eines dieser Bettler muß das Auswählen eines passenden und effektvollen Holzbeines (er prüft ein solches, legt es wieder beiseite, prüft ein anderes und greift dann zum ersten zurück) so zeigen wollen, daß eigens dieser Nummer wegen Leute sich vornehmen, zu dem Zeitpunkt, wo sie stattfindet, noch einmal das Theater aufzusuchen, und nichts steht dem im Wege, daß das Theater auf den Tafeln des Hintergrundes diese Nummer dann anzeigt! (Seite 38.)

6 Es ist absolut wünschenswert, daß Fräulein Polly Peachum vom Zuschauer als tugendhaftes und angenehmes Mädchen empfunden wird. Hat sie in der zweiten Szene ihre jeder

Berechnung ferne Liebe bewiesen, so zeigt sie jetzt jene praktische Veranlagung, ohne welche die erstere gewöhnlicher Leichtsinn wäre. (Seite 47.)

7 Diese Damen sind im ungestörten Besitz ihrer Produktionsmittel. Gerade deshalb aber dürfen sie nicht den Eindruck erwecken, als wären sie frei. Für sie hat die Demokratie nicht jene Freiheit, die sie für alle hat, denen die Produktionsmittel genommen werden können. (Seite 52.)

8 Die Darsteller des Macheath, die in der Darstellung des Todeskampfes keinerlei Hemmung zeigen, weigern sich hier gewöhnlich, diese dritte Strophe zu singen: sie würden selbstverständlich eine tragische Formulierung des Geschlechtlichen nicht zurückweisen. Aber das Geschlechtliche in unserer Zeit gehört unzweifelhaft in den Bezirk des Komischen, denn das Geschlechtsleben steht in einem Widerspruch zu dem gesellschaftlichen Leben, und dieser Widerspruch ist komisch, weil er historisch, d. h. durch eine andere Gesellschaftsordnung lösbar ist. Der Schauspieler muß also eine solche Ballade komisch bringen. Die Darstellung des Geschlechtslebens auf der Bühne ist sehr wichtig, schon weil dabei immer ein primitiver Materialismus auftritt. Das Künstliche und Vergängliche aller gesellschaftlichen Überbauten wird sichtbar. (Seite 56.)

9 Diese Ballade enthält, wie auch andere Balladen der Dreigroschenoper, einige Zeilen François Villons in der Übersetzung K. L. Ammers. Für den Schauspieler lohnt es sich, die Ammersche Übersetzung nachzulesen, damit er sieht, welches die Unterschiede zwischen einer Ballade zum Singen und einer zum Lesen sind.* (Seite 59.)

---

* Es sind: »Die Zuhälterballade«, »Die Ballade vom angenehmen Leben«, der »Salomon-Song«, die »Ballade, in der Macheath jedermann Abbitte leistet« und der »Ruf aus der Gruft«. Der »Kanonensong« und »Hübsch, als es währte« gehen auf Kipling zurück. – E. H.

10 Diese Szene ist eine Einlage für solche Darstellerinnen der Polly, welche die Begabung der Komik besitzen. (Seite 81.)

11 Im Kreise laufend, kann der Darsteller des Macheath hier in seinem Käfig alle Gangarten wiederholen, die er bisher dem Publikum vorgeführt hat. Den frechen Schritt des Verführers, den mutlosen des Gehetzten, den überheblichen, den belehrten usw. In dieser kurzen Wanderung kann er alle Haltungen des Macheath während dieser wenigen Tage noch einmal zeigen. (Seite 87.)

12 Der Schauspieler des epischen Theaters wird zum Beispiel an dieser Stelle sich nicht durch das Bestreben, die Todesangst des Macheath weiterzutreiben und zur beherrschenden Wirkung des ganzen Aktes zu machen, dazu verleiten lassen, etwa die folgende Darstellung wahrer Freundschaft unter die Rampe fallen zu lassen. (Wahr ist wahre Freundschaft doch wohl nur, wenn sie begrenzt ist. Der moralische Sieg der beiden wahrsten Freunde des Herrn Macheath wird doch kaum geschmälert durch jene zeitlich später fallende moralische Niederlage dieser beiden Herren, wenn sie bei der Ablieferung ihrer Existenzmittel zur Rettung ihres Freundes sich nicht genug beeilen.) (Seite 88.)

13 Vielleicht findet der Schauspieler eine Möglichkeit, folgendes zu zeigen: Macheath hat die durchaus richtige Empfindung, daß es sich bei seinem Fall um einen grauenvollen Justizirrtum handelt. Tatsächlich würde die Justiz, falls ihr häufiger, als es der Fall ist, Banditen zum Opfer fielen, ihr Ansehen vollends verlieren! (Seite 91.)

Anhang

NEUE SCHLUSSTROPHEN DER MORITAT VON MACKIE MESSER

Und die Fische, sie verschwinden!
Doch zum Kummer des Gerichts:
Man zitiert am End den Haifisch
Doch der Haifisch weiß von nichts.

Und er kann sich nicht erinnern
Und man kann nicht an ihn ran
Denn ein Haifisch ist kein Haifisch
Wenn man's nicht beweisen kann.
1948

DER NEUE KANONEN-SONG

I
Fritz war SA und Karl war Partei
Und Albert bekam doch den Posten.
Aber auf einmal war all dies vorbei
Und man fuhr nach dem Westen und Osten.
   Der Schmitt vom Rheine
   Braucht die Ukraine
   Und Krause braucht Paris.
   Wenn es nicht regnete
   Und man begegnete
   Nicht fremdem Militäre
   Dem oder jenem Heere
   Dann kriegte Meier aus Berlin
   Bulgarien gewiß.

2

Schmitt, dem wurde die Wüste zu heiß
Und das Nordkap zu kalt dem Krause.
Aber das Böse ist: keiner mehr weiß
Wie kommt man jetzt wieder nach Hause?
    Aus der Ukraine
    Zurück zum Rheine
    Nach Ulm heim aus Algier?
    Weil es stark regnete
    Und man begegnete
    Ganz fremdem Militäre
    So manchem großen Heere
    Der Irreführer weiß es nicht –
    Er ist nicht mehr hier.

3

Schmitt kam nicht mehr heim und Deutschland war hin
Hat nach Leichen und Ratten gerochen.
Aber in dem zerstörten Berlin
Wird vom d r i t t e n Weltkrieg gesprochen.
    Köln liegt in Scherben
    Hamburg im Sterben
    Und Dresden liegt zerschellt.
    Doch wenn Amerika
    Sah diese Russen da –
    Vielleicht wenn die sich krachten?
    Dann gibt's ein neues Schlachten
    Und Krause, wieder im grauen Fell
    Kriegt doch noch die Welt!

1946

1

Da preist man uns das Leben freier Geister
Das lebt mit einem Buch und nichts im Magen
In einer Hütte, daran Ratten nagen –
Mir bleibe man vom Leib mit solchem Kleister.
Das simple Leben lebe, wer da mag!
Ich habe – unter uns – genug davon.
Kein Vögelchen von hier bis Babylon
Vertrüge solche Kost nur einen Tag.
Was hilft da Freiheit? Sie ist nicht bequem.
Nur wer im Wohlstand lebt, lebt angenehm.

2

Die Wahrheitssucher mit dem kühnen Wesen
Und ihrer Gier, die Haut zum Markt zu tragen
Die stets so frei sind und die Wahrheit sagen
Damit die Spießer etwas Kühnes lesen:
Wenn man sie sieht, wie das am Abend friert
Mit kalter Gattin stumm zu Bette geht
Und horcht, ob niemand klatscht und nicht versteht
Und trostlos in das Jahr 5000 stiert:
Jetzt frag ich Sie nur noch: Ist das bequem?
Nur wer im Wohlstand lebt, lebt angenehm.

3

Ich selber könnte mich durchaus begreifen
Wenn ich mich lieber groß und einsam sähe
Doch sah ich solche Leute aus der Nähe
Da sagt' ich mir: Das mußt du dir verkneifen.
Armut bringt außer Weisheit auch Verdruß
Und Kühnheit außer Ruhm auch bittre Müh'n.
Jetzt sahst du dich im Geiste weis' und kühn
Jetzt machst du mit der Größe aber Schluß.

Dann löst sich ganz von selbst das Glücksproblem:
Nur wer im Wohlstand lebt, lebt angenehm.
1948

DIE BALLADE VOM ANGENEHMEN LEBEN DER HITLERSATRAPEN

1

Der süchtige Reichsmarschall, der Clown und Schlächter
Erst saht ihr halb Europa ihn stibitzen.
Dann saht ihr ihn in Nürnberg dafür schwitzen
Noch immer fetter da als seine Wächter.
Und auf die Frag, warum er es gemacht
Sagt uns der Mann, er tat's für Deutschlands Ehr
Als ob er davon fett geworden wär!
Ich möchte da das Huhn sehn, das nicht lacht!
Warum der Nazi war, ist kein Problem:
Nur wer im Wohlstand lebt, lebt angenehm.

2

Der lange Schacht, in dem eur Geld verschwunden
Mit dem selbst mir nicht lang genugen Kragen:
Hat dem Bankier man manchen Kranz gewunden
Hängt man den Bankrotteur nicht an den Schragen.
Er weiß, sein Auge wird nicht ausgehackt
Doch fragt ihr heut den eingestürzten Schacht
Warum er beim Bescheißen mitgemacht
Sagt er, der Ehrgeiz habe ihn gepackt.
Warum der mittat, ist doch kein Problem:
Nur wer im Wohlstand lebt, lebt angenehm.

3

Und der La-Keitel, der Ukrainebrenner
Der dem Gefreiten wild die Stiefel leckte
Weil der den Wehrmachtshunger in ihm weckte –

Wenn ihr den fragt, den Tank- und Kognakkenner
Was ihn getrieben, sagt er euch: die Pflicht!
Aus Pflichtgefühl vergoß er all das Blut
Beileibe nicht nur für ein Rittergut!
Das nimmt man, aber davon spricht man nicht.
Das ist's: man nimmt es. Und wer fragt schon: wem?
Nur wer im Wohlstand lebt, lebt angenehm.

4
Sie haben alle große Intentionen
Und sprechen nur von allerhöchster Warte
Und keiner je erwähnt die Speisekarte
Doch jeder ringt allnächtlich mit Dämonen.
Denn jeder war im Grund ein Lohengrin
Und hatte einiges vom Parzifal:
's ging nicht um Leningrad, 's ging um den Gral
Und nur Walhall ging unter, nicht Berlin.
Gelöst für sie war das Privatproblem:
Nur wer im Wohlstand lebt, lebt angenehm.

NEUFASSUNG DER BALLADE,
IN DER MACHEATH UM VERZEIHUNG BITTET

Ihr Menschenbrüder, die ihr auch gern lebt
Laßt euer Herz nicht gegen uns verhärten
Und lacht nicht, wenn man uns zum Galgen hebt
Ein dummes Lachen hinter euren Bärten.
Ach, ihr, die nicht fielt da, wo wir gefallen
Seid nicht erbost auf uns wie das Gericht:
Gesetzten Sinnes sind wir alle nicht –
Ihr Menschen, lasset allen Leichtsinn fallen!
Ihr Menschen, laßt euch uns zur Lehre sein
Und bittet Gott, er möge uns verzeihn.

Der Regen wäscht uns ab und wäscht uns rein
Und wäscht das Fleisch, das wir zu gern genährt.
Und die zuviel gesehn und mehr begehrt
Die Augen, hacken uns jetzt Raben ein.
Wir haben wahrlich uns zu hoch verstiegen
Jetzt hängen wir hier wie aus Übermut
Zerpickt von einer gierigen Vögelbrut
Wie Pferdeäpfel, die am Wege liegen.
Ach, Brüder, laßt euch uns zur Lehre sein
Ich bitte euch, uns freundlich zu verzeihn.

Die Kerle, die in Häuser brechen
Dieweil sie keine Bleibe kennen;
Die Lästermäuler, selbst die frechen
Die lieber schimpfen statt zu flennen;
Die Weiber, die den Brotlaib stehlen;
Sie könnten eure Mütter sein!
's mag ihnen nur an Härte fehlen –
Ich bitt euch, ihnen zu verzeihn.

Habt da mehr Nachsicht mit den kleinen
Und weniger mit den großen Dieben
Die euch in Krieg und Schande trieben
Und betten euch auf blut'gen Steinen.
Die euch gepreßt zu Mord und Raube
Und nunmehr winseln ihr »Vergib!« –
Stopft ihnen 's Maul und mit dem Staube
Der von eur'n schönen Städten blieb!

Und die da reden von Vergessen
Und die da reden von Verzeihn –
All denen schlage man die Fressen
Mit schweren Eisenhämmern ein.
1948

NEUER SCHLUSSCHORAL

Verfolgt das kleine Unrecht nicht; in Bälde
Erfriert es schon von selbst, denn es ist kalt:
Bedenkt das Dunkel und die große Kälte
In diesem Tale, das von Jammer schallt.

Zieht gen die großen Räuber jetzt zu Felde
Und fällt sie allesamt und fällt sie bald:
Von ihnen rührt das Dunkel und die große Kälte
Sie machen, daß dies Tal von Jammer schallt.
1948

DIE SCHLUSSSTROPHEN DES DREIGROSCHENFILMS

Und so kommt zum guten Ende
Alles unter einen Hut.
Ist das nötige Geld vorhanden
Ist das Ende meistens gut.

Daß nur er im trüben fische
Hat der Hinz den Kunz bedroht.
Doch zum Schluß vereint am Tische
Essen sie des Armen Brot.

Denn die einen sind im Dunkeln
Und die andern sind im Licht.
Und man siehet die im Lichte
Die im Dunkeln sieht man nicht.
1930

Bertolt Brecht
im Suhrkamp und im Insel Verlag

Über Bertolt Brecht

Bertolt Brecht. Sein Leben in Bildern und Texten. Mit einem Vorwort von Max Frisch. Herausgegeben von Werner Hecht. Gestaltet von Willy Fleckhaus. st 3217. 352 Seiten

Hans Mayer. Brecht. 510 Seiten. Leinen

Hans Mayer. Erinnerung an Brecht.
Englische Broschur und st 2803. 128 Seiten

Werner Hecht. Brecht Chronik 1898-1956. 1320 Seiten. Leinen im Schuber

alles was Brecht ist ... Begleitbuch zu den gleichnamigen Sendereihen von 3sat und S2 Kultur. Herausgegeben von Werner Hecht. Mit zahlreichen Abbildungen. 320 Seiten. Broschur

Walter Benjamin. Versuche über Brecht. Herausgegeben und mit einem Nachwort versehen von Rolf Tiedemann. es 172. 210 Seiten

James K. Lyon. Bertolt Brecht in Amerika. Übersetzt von Traute M. Marshall. 527 Seiten. Gebunden

Michael Bienert. Mit Brecht durch Berlin. Ein literarischer Reiseführer. it 2169. 271 Seiten

Jan Knopf. Gelegentlich: Poesie. Ein Essay über die Lyrik Bertolt Brechts. 295 Seiten. Gebunden

NF 232/1/5.02

D. Stephan Bock. Coining Poetry. Brechts ›Guter Mensch von Sezuan‹. Zur dramatischen Dichtung eines neuen Jahrhunderts. es 2057. 516 Seiten

Brecht im Gespräch. Diskussionen, Dialoge, Interviews. Herausgegeben von Werner Hecht. es 771. 211 Seiten

Berliner Brecht Dialog 1998. Herausgegeben von Therese Hörnigk, Literaturforum im Brecht-Haus. es 2094. 297 Seiten

Werkausgaben

Werke. Große kommentierte Berliner und Frankfurter Ausgabe. 30 Bände (33 Teile). Herausgegeben von Werner Hecht, Jan Knopf, Werner Mittenzwei und Klaus-Detlef Müller. 20650 Seiten. Leinen und Leder

Ausgewählte Werke in 6 Bänden. Jubiläumsausgabe zum 100. Geburtstag. 4000 Seiten. Gebunden in Kassette

Stücke

Der aufhaltsame Aufstieg des Arturo Ui. es 144. 134 Seiten

Aufstieg und Fall der Stadt Mahagonny. Oper. es 21. 96 Seiten

Baal. Drei Fassungen. Kritisch ediert und kommentiert von Dieter Schmidt. es 170. 213 Seiten

Die Dreigroschenoper. Nach John Gays ›The Beggar's Opera‹. es 229. 109 Seiten

NF 232/2/5.02

Bertolt Brechts Hauspostille. Mit Anleitungen, Gesangsnoten und einem Anhang. BS 4. 164 Seiten

Hundert Gedichte. Ausgewählt von Siegfried Unseld. st 2800. 188 Seiten

Über Verführung. Erotische Gedichte. Mit Radierungen von Pablo Picasso. Zusammengestellt von Günter Berg. IB 1210. 88 Seiten

Prosa

Dreigroschenroman. st 1846. 392 Seiten

Flüchtlingsgespräche. Erweiterte Ausgabe. BS 1274. 152 Seiten

Die Geschäfte des Herrn Julius Caesar. Romanfragment. es 332. 234 Seiten

Geschichten vom Herrn Keuner. st 16. 108 Seiten

Kalendergeschichten. Mit einem Nachwort von Jan Knopf. BS 1343. 160 Seiten

Me-ti, Buch der Wendungen. BS 228. 174 Seiten

Die unwürdige Greisin und andere Geschichten. Zusammengestellt und mit Anmerkungen versehen von Wolfgang Jeske. st 1746. 220 Seiten

NF 232/6/5.02

NF 232/7/5.02

Materialien

Brecht-Journal. Herausgegeben von Jan Knopf.
es 1191. 258 Seiten

Brecht-Journal 2. Herausgegeben von Jan Knopf.
es 1396. 210 Seiten

Brechts ›Antigone des Sophokles‹. Herausgegeben von
Werner Hecht. st 2075. 308 Seiten

Baal. Der böse Baal der asoziale. Texte, Varianten, Materialien. Kritisch ediert und kommentiert von Dieter Schmidt.
es 248. 234 Seiten

Bertolt Brechts Dreigroschenbuch. Texte, Materialien, Dokumente. Herausgegeben von Siegfried Unseld. Mit einem
Bildteil. st 87. 712 Seiten

Brechts ›Dreigroschenoper‹. Herausgegeben von Werner
Hecht. st 2056. 314 Seiten

Brechts ›Guter Mensch von Sezuan‹. Herausgegeben von
Jan Knopf. st 2021. 315 Seiten

Der Jasager und Der Neinsager. Vorlagen, Fassungen, Materialien. Herausgegeben und mit einem Nachwort versehen
von Peter Szondi. es 171. 112 Seiten

Brechts ›Leben des Galilei‹. Herausgegeben von Werner
Hecht. st 2001. 246 Seiten

Brechts ›Mahagonny‹. Herausgegeben von Fritz Hennenberg und Jan Knopf. st 2081.

NF 232/8/5.02

Materialien zu Brechts ›Mutter Courage und ihre Kinder‹.
Zusammengestellt von Werner Hecht. es 50. 178 Seiten

Brechts ›Mutter Courage und ihre Kinder‹. Herausgegeben
von Klaus-Detlef Müller. Mit vielen Fotografien.
st 2016. 313 Seiten

**Materialien zu Bertolt Brechts ›Schweyk im zweiten Welt-
krieg‹.** Vorlagen (Bearbeitungen), Varianten, Fragmente, Skiz-
zen, Brief- und Tagebuchnotizen. Ediert und kommentiert
von Herbert Knust. es 604. 315 Seiten

Suhrkamp BasisBibliothek
Text und Kommentar in einem Band

»Die Suhrkamp BasisBibliothek hat sich längst einen Namen gemacht. Als ›Arbeitstexte für Schule und Studium‹ präsentiert der Suhrkamp Verlag diese Zusammenarbeit mit dem Schulbuchverlag Cornelsen. Doch nicht nur prüfungsgepeinigte Proseminaristen treibt es in die Arme der vielschichtig angelegten Didaktik, mit der diese unprätentiösen Bändchen aufwarten. Auch Lehrer und Liebhaber vertrauen sich gerne den jeweiligen Kommentatoren an, zumal die Bände mit erschöpfenden Hintergrundinformationen, Zeittafeln, Entstehungsgeschichten, Rezeptionsgeschichten, Erklärungsmodellen, Interpretationsskizzen, Wort- und Sacherläuterungen und Literaturhinweisen gespickt sind.«
Frankfurter Allgemeine Zeitung

Ingeborg Bachmann. Malina. Kommentar: Monika Albrecht und Dirk Göttsche. SBB 56. 389 Seiten

Jurek Becker. Jakob der Lügner. Kommentar: Thomas Kraft. SBB 15. 351 Seiten

Thomas Bernhard. Amras. Kommentar: Bernhard Judex. SBB 70. 144 Seiten

Thomas Bernhard. Erzählungen. Kommentar: Hans Höller. SBB 23. 171 Seiten

Peter Bichsel. Geschichten. Kommentar: Rolf Jucker. SBB 64. 194 Seiten.

Bertolt Brecht. Der Aufstieg des Arturo Ui. Kommentar: Annabelle Köhler. SBB 55. 182 Seiten

NF 279/3/11.05

NF 279/5/11.05

NF 279/6/11.05

Martin Walser. Ein fliehendes Pferd. Kommentar: Helmuth Kiesel. SBB 35. 164 Seiten

Peter Weiss. Die Ermittlung. Kommentar: Marita Meyer. SBB 65. 304 Seiten.

Peter Weiss. Die Verfolgung und Ermordung Jean Paul Marats. Kommentar: Arnd Beise. SBB 49. 180 Seiten

Frank Wedekind. Frühlings Erwachen. Kommentar: Hansgeorg Schmidt-Bergmann. SBB 21. 148 Seiten

NF 279/7/11.05